ALAIN
JUPPÉ

MICHEL
ROCARD

La politique, telle qu'elle meurt de ne pas être

Un débat conduit par
Bernard GUETTA

DOCUMENT

J'AI LU

Avant-propos de l'interviewer

L'idée n'est pas de moi, pas plus que la scène française n'est mon domaine. L'idée est de Pascale Amaudric mais, lorsque cette experte de politique intérieure, devenue directrice de collection chez Lattès, m'a proposé de faire débattre Alain Juppé et Michel Rocard, c'est à la seconde que j'ai accepté.

Michel Rocard a toujours compté dans ma vie, non seulement parce qu'il était le point d'ancrage de mes parents lorsqu'ils désespéraient de la gauche au temps de la guerre d'Algérie mais, aussi, parce qu'il est la tête pensante et l'incarnation de la deuxième gauche, famille politique dont je me sens le moins éloigné.

Alain Juppé, je le connaissais moins. Nous n'avons pas les mêmes amis mais il n'y a pas que son intelligence et sa rapidité que j'ai souvent admirées. J'aime chez lui cette raideur que tant de gens lui reprochent, cette difficulté à comprendre qu'il ne suffit pas d'avoir raison pour convaincre, être suivi et agir. Conscient ou inconscient, son refus de l'habileté était, à mes yeux, motif d'empathie et signe de rigueur.

J'avais envie de mieux le connaître, j'étais impatient de passer du temps avec deux hommes de cette valeur, d'apprendre de leur dialogue, et je n'ai pas été déçu.

Pas de petites phrases, pas de polémiques faciles ni d'arguments démagogiques, mais une écoute et un véritable respect entre deux hommes d'État, anciens Premiers ministres, l'un de François Mitterrand, l'autre de Jacques Chirac.

Non, ils ne gouverneraient pas ensemble, disent-ils, car la confrontation de cultures politiques façonnées par l'histoire est indispensable à l'alternance, à la démocratie, à la vigueur du débat et à la représentation d'une nation. Ils sont, oui, fidèles à leurs camps respectifs et le resteront mais cette constance de leurs engagements ne les aveugle pas sur les faiblesses et carences de leurs familles politiques.

Ce n'est pas Michel Rocard mais Alain Juppé qui fustige, dans ces pages, la tentation ultralibérale de la droite, ses égoïsmes de classe et ses ambiguïtés sur l'Europe. Ce n'est pas Alain Juppé mais Michel Rocard qui dénonce le double langage des socialistes français, leur incapacité à assumer l'économie de marché, le réformisme et le compromis politique auxquels il y a, pourtant, longtemps qu'ils ont adhéré, jusqu'à en oublier l'utopie créatrice.

L'un est gaulliste, l'autre social-démocrate. Le premier est aussi éloigné de Nicolas Sarkozy que le second l'était de François Mitterrand avec lesquels ils auront, pourtant, l'un et l'autre gouverné. On découvre, là, non seulement une deuxième droite, pendant de la deuxième gauche, mais la profondeur, également, des similitudes entre gaullisme et social-démocratie. Il en souffle un vent d'air frais sur la politique, fait d'un commun amour de la France et de multiples convergences, d'absolue sincérité et d'étonnants chassés-croisés entre un nationaliste « tombé amoureux » de l'Europe et un internationaliste qui n'y croit plus guère.

Leur dialogue est dense mais clair, exigeant et chaleureux, le contraire des faux-semblants de tribune – la politique telle qu'elle devrait être et meurt de ne pas être.

Bernard GUETTA

1

La feuille de papier à cigarette

Chapitre premier, où l'on apprend qu'il n'y a pas beaucoup plus que l'épaisseur de cette feuille pour séparer ces deux hommes façonnés par une même phrase de la Bible ; qu'ils ne gouverneraient pas ensemble mais souhaitent continuer d'agir en commun ; qu'ils partagent une même horreur de Milton Friedman et des néolibéraux ; qu'ils n'ont pas été heureux en Mai 68 et le sont, moins que jamais, dans leurs familles politiques ; qu'ils ne divergent pas autant qu'il y paraît sur la durée du temps de travail ; que François Mitterrand ne savait pas réformer ; que la social-démocratie s'est alliée au capitalisme depuis la fin de la guerre ; que Nicolas Sarkozy est un « grand gâchis » aux yeux de Michel Rocard et que sa volonté de rupture est une « sorte d'offense personnelle » pour Alain Juppé.

Bernard GUETTA : Vous vous réclamez, l'un du gaullisme, l'autre de la social-démocratie, mais y a-t-il encore un sens à s'identifier à des courants politiques, qui s'étaient développés au siècle passé, dans les conditions d'une époque révolue ? Alain Juppé, la France n'est plus occupée, la Ve République est établie, les deux blocs entre lesquels le général de Gaulle avait affirmé la France ne partagent plus le monde, pourquoi vous dire gaulliste ?

Alain JUPPÉ : Je me réclame du général de Gaulle mais mes racines et mes valeurs remontent, sans doute, un peu plus haut qu'aux jours où je l'ai découvert. Ce qui m'a d'abord façonné, c'est une enfance imprégnée d'éducation chrétienne. Entre mes dix et mes quinze ans, je hantais les presbytères et les sacristies, et plusieurs prêtres m'ont beaucoup marqué. Aujourd'hui, je me classe plutôt dans ceux qui cherchent que dans ceux qui ont trouvé mais la morale chrétienne, les béatitudes, le sermon sur la montagne, comptent pour moi et, dans ma tête, une phrase n'a jamais cessé de résonner : « Il sera plus difficile à un riche d'entrer au royaume des cieux qu'à un chameau de passer par le chas d'une aiguille. »

C'est, quand même, très fort. Ce n'est pas rien. C'est la première chose que j'ai retenue et je suis frappé de voir que ce mot de *care* dont Martine Aubry voudrait faire l'étendard du Parti socialiste ne soit rien d'autre que la traduction anglaise de *caritas,* l'amour du prochain. Dans une tout autre tonalité, j'ai également retenu de cette éducation chrétienne, la hiérarchie, l'organisation, l'autorité...

B.G. : ... L'institution et l'autorité, valeurs auxquelles la droite est toujours si sensible.

A.J. : Si vous voulez, oui. Pendant longtemps, j'ai bien aimé le cérémonial, les pompes et les cardinaux de l'Église catholique, un ordre du monde, mais j'ai ensuite été marqué, dans ma vie d'étudiant, par des auteurs qui ont beaucoup façonné la gauche, Voltaire et Montesquieu, les philosophes des Lumières. Marx était alors un point de passage obligé mais je n'aurais pas pu m'enthousiasmer pour lui à un moment où l'on n'ignorait déjà plus rien des potentialités du stalinisme. Montesquieu, en revanche... J'ai pris grand plaisir à le relire à l'âge de la maturité et à écrire un livre sur lui, sur son apologie de l'esprit de modération et sa passion de la liberté, y compris économique.

Montesquieu était considéré par John Maynard Keynes, par l'un des héros de la social-démocratie, comme l'un des grands économistes de son temps et j'ai surtout aimé cette sorte d'allergie au fanatisme que j'ai trouvée sous sa plume. De gauche ou de droite, religieux ou politique, le fanatisme est une facilité alors que la modération est une discipline. Il est facile d'exagérer mais bien plus difficile de dégager une voie moyenne, de trouver les compromis nécessaires, d'organiser et bâtir ce qu'on appelle, avec tant de condescendance, « le marais ». Et puis, enfin, de Gaulle. J'ai treize ou quatorze ans lorsqu'il apparaît dans mon radar. C'est la guerre d'Algérie. Je m'y intéresse beaucoup car mon frère a été appelé et que ma mère se consume d'angoisse dans l'attente de lettres qui n'arrivent pas. J'écoute souvent la radio et, d'un coup, apparaît de Gaulle qui va immédiatement incarner deux choses à mes yeux.

Il est celui qui rompt avec un régime qui me semblait à l'époque incapable de gouverner la France. En fait, j'avais tort. Maintenant que je comprends mieux l'histoire de la IVe République, j'ai révisé mon jugement. Je reconnais à ce régime le mérite d'une œuvre de modernisation économique qu'il a su conduire malgré son instabilité ministérielle mais, sur le coup, de Gaulle m'apparaît non seulement comme l'homme qui rétablit l'autorité de l'État et va régler le conflit algérien mais comme porteur aussi d'une ambition de grandeur et de puissance pour la France qu'il aura été le dernier à défendre avec autant de force. Ce sont mes premières impressions et, très vite, je serai tout aussi sensible à une autre dimension du gaullisme, à ce qu'on appelle le gaullisme social, à cette idée que la solidarité est l'un des éléments essentiels de la cohésion nationale.

Laurent Wauquiez, quand il était secrétaire d'État à l'Emploi, a fait remarquer, dans un récent numéro de *Commentaires*, que le bilan de la droite en matière de grandes lois sociales n'avait rien à envier, depuis la dernière guerre, à celui de la gauche. Je ne vais pas reprendre la liste mais c'est un fait et, si une chose m'insupporte dans la différence couramment faite entre droite et gauche, c'est le simplisme qui voudrait que la droite soit le conservatisme et la gauche, le mouvement, que la gauche soit le social et la droite, l'égoïsme. Il y a de magnifiques conservateurs à gauche et quelques hommes de mouvement à droite mais ces idées reçues sont solidement ancrées. Lorsque ma fille était en 3e, son professeur d'histoire a résumé un cours sur la gauche et la droite par ces mots : « La droite, c'est les riches ; la gauche, c'est les pauvres. » Cette synthèse est un peu trop rapide pour me satisfaire.

B.G. : Vous n'êtes donc pas gaulliste. C'est simplement que de Gaulle vous a marqué, comme l'avaient fait les Lumières et le christianisme.

A.J. : Ce n'est pas ce que j'ai dit. Les Lumières et le christianisme, ce sont des racines, à des moments où je ne me suis pas encore engagé en politique. Quand je le fais, c'est de Gaulle. Je peux donc me dire gaulliste, me revendiquer du gaullisme, mais qu'est-ce que cela signifie, dès lors que le général de Gaulle a lui-même affirmé que le gaullisme n'était pas une idéologie ? Il y a des principes, une attitude, une ambition nationale et une exigence de justice sociale mais pas de dogmes et certainement pas de conservatisme. À l'issue de la constitution de notre commission sur le grand emprunt, Michel a dit aux journalistes, à l'Élysée : « Nous sommes de deux traditions différentes, moi socialiste et Juppé conservateur. » Non ! Je l'ai repris car je n'aime pas le sens qu'a ce mot de « conservateur » dans le langage politique français. Pour moi, le gaullisme était une sorte de jonction entre le patriotisme et l'humanisme.

B.G. : Vous avouerez que c'est un peu confus, plutôt vague…

A.J. : Pas du tout ! De Gaulle disait « une certaine idée de la France » car il y a une exigence patriotique très forte dans le gaullisme, un attachement à la France, à la patrie, qui ne se retrouve pas toujours à gauche car la gauche est plus internationaliste que la droite. Quant à l'humanisme, c'est cette idée, défendue par de Gaulle, qu'entre le capital et le travail, la donne peut être rebattue, que la participation peut changer les choses même si le concept a pu sembler un peu fumeux à certains. Cette jonction-là est très forte. On peut être humaniste en étant internationaliste. On peut être patriote sans être tout à fait humaniste et l'originalité du gaullisme c'est de conjuguer les deux. Quand je me dis gaulliste, c'est à cela que je me réfère.

B.G. : Michel Rocard, vous trouvez une actualité au gaullisme ?

Michel ROCARD : Une actualité, non, mais une permanence, sûrement. Nous vivons une époque de déliquescence des États qui appelle à de nouvelles régulations mondiales et la dérégulation internationale se propulse tellement vite que la déliquescence des États devient gravissime pour l'ordre public et la cohésion sociale. La permanence du gaullisme sur notre scène politique est donc un si salutaire rappel à la nécessité de la puissance publique – de l'État national tant qu'on n'y aura pas trouvé de substituts sérieux – qu'on voudrait de temps en temps retrouver un peu plus de gaullisme dans la conduite générale de notre pays.

B.G. : Un peu plus de gaullisme, c'est-à-dire de... ?

M.R. : De rigueur, tout bonnement, dans le respect et la prise en charge du bien public.

B.G. : Et votre tradition politique à vous, la social-démocratie, a-t-elle toujours une actualité ?

M.R. : Ma réponse est oui, pleinement oui. Au XXe siècle, l'humanité a battu tous les records de l'horreur dans des conflits majeurs et totalement meurtriers entre le communisme, le fascisme, le capitalisme, la petite social-démocratie et le capitalisme ou, du moins, son cœur, pur et dur. Cent vingt millions de personnes y ont trouvé la mort. Le fascisme a été détruit. Le communisme s'est essentiellement autodétruit et restent en lice le capitalisme, le grand gagnant, et la social-démocratie qui s'était déclarée son alliée, dès le début des années 1920, en rejetant Lénine et en affirmant que la liberté était au cœur du projet socialiste, en refusant donc de prendre la route des bolcheviks.

B.G. : Son alliée ? Son alliée contre le communisme ou son alliée tout court ?

M.R. : D'abord contre le communisme mais, avec le recul, tout cela revient au même. Dans la guerre contre le fascisme, tous les gouvernements sociaux-démocrates se sont rangés aux côtés de la Grande-Bretagne et des États-Unis. Il y avait des sociaux-démocrates dans le gouvernement de Churchill. Celui de Roosevelt était le plus à gauche que les États-Unis aient connu jusqu'à présent puisque le New Deal a été la plus puissante matrice de l'État providence et de la protection sociale occidentale. Non seulement il y eut de vraies convergences entre ces gouvernements et la social-démocratie européenne mais la tradition social-démocrate est celle qui a le moins dérapé, qui s'est le moins laissée aller aux excès et qui a choisi, à juste titre, l'économie de marché parce qu'elle est l'enracinement de la liberté. Pour que les libertés ne soient pas un concept abstrait, il faut qu'elles concernent toutes nos existences, dans leur quotidienneté, et ça commence par acheter ce qu'on veut, à qui on veut, là où l'on veut et, si possible, en discutant le prix. Il y a après de multiples modalités d'organisation, mais cette alliance, la social-démocratie la scelle explicitement en 1946...

B.G. : ... Et dès le début des années 1930 pour ce qui est de la social-démocratie suédoise.

M.R. : Les Suédois, c'est 1932 mais je parle des textes qui engagent toute la social-démocratie qui opte alors, explicitement, loin des outrances du socialisme des débuts, pour le compromis, pour le refus de cette volonté de détruire l'autre qui est dans le projet communiste. Le parti français fut, malheureusement, le seul à ne pas être capable de suivre cette orientation générale qui avait unanimement refondé la social-démocratie sur le compromis.

B.G. : Un compromis entre le Capital et le Travail ?

M.R. : Très certainement entre le Capital et le Travail mais, également, entre les forces politiques, entre la droite et la gauche, entre leurs différentes variantes et entre les diverses filiations culturelles. Ce principe de la recherche du compromis, c'est ce que j'avais en tête pour calmer le jeu en Nouvelle-Calédonie, crise sur laquelle quatre ou cinq de mes prédécesseurs s'étaient cassé les dents, en croyant trop à la répression, à la force et à la majesté de l'État. Je n'ai jamais raconté ça mais le premier engagement qu'il m'a fallu prendre pour pouvoir continuer à discuter était qu'il y aurait une amnistie, y compris pour les crimes de sang. Si j'avais échoué, j'étais bon pour la Haute Cour mais ça a marché et je l'ai fait parce que je suis social-démocrate.

B.G. : Ces compromis qui avaient fait la force et le rayonnement de la social-démocratie avaient tous été scellés, après-guerre, dans des cadres nationaux, entre des forces sociales agissant dans le cadre d'États nations encore forts. À l'heure du marché mondial, on ne peut plus négocier de grands compromis sociaux dans le cadre national puisque le Capital est internationalisé et autrement plus fort que les États. La social-démocratie n'en est-elle pas dépassée, condamnée par l'affaiblissement des États nationaux ?

M.R. : C'est probablement la social-démocratie qui aura, au contraire et tout du long, manifesté le plus de méfiance devant les limites du cadre national et annoncé qu'elle souhaitait en sortir. Elle s'était d'emblée déclarée internationaliste. C'est à elle qu'on doit les ultimes tentatives d'empêcher que n'éclate la Première Guerre mondiale. Au moment de son assassinat, Jaurès est l'incarnation de tout cela. C'est dans cet esprit que la social-démocratie n'a jamais cessé de multiplier les rencontres internationales et le projet européen, projet réconciliateur de nations, est principalement porté, à sa naissance, par la social-démocratie et la démocratie chrétienne auxquelles s'opposent des forces...

B.G. : ... Dont le gaullisme...

M.R. : ... Et, avec plus d'excès encore, le communisme car l'un et l'autre poussaient leur référence à la nation jusqu'au refus d'un projet fédérateur dans lequel nous étions, nous, dès le début. Variante scandinave, non seulement je suis social-démocrate, depuis ma jeunesse, non seulement c'est ma constante mais j'en suis fier. Il y a plusieurs Internationales, celle des démocrates-chrétiens ou celle des libéraux, même Jean-Marie Le Pen a la sienne, mais la nôtre, la plus grosse, est la seule d'abord à compter dans ses rangs cinq prix Nobel de la paix ! Cinq alors qu'il n'y en a pas un seul dans les autres ! Cela dit beaucoup de choses sur ce que nous avons apporté au monde et pouvons continuer de lui apporter et la social-démocratie est, en deuxième lieu, une formidable école de formation où j'ai découvert à la fois le fait colonial grâce à un syndicaliste belge venu nous raconter comment son pays saignait le Congo – l'abomination des abominations – et tout ce qu'il y avait à apprendre et comprendre dans Marx...

B.G. : Vous êtes marxiste ?

M.R. : Marx avait fait la somme des connaissances de son temps, au point d'avoir eu des phrases hallucinantes de prémonition sur la crise actuelle. Il n'a pas seulement écrit que le capitalisme connaissait des crises tous les dix ans et qu'une logique, partiellement corrigée par des réponses pratiques, mais une implacable logique, appelait à leur aggravation permanente. Dans *Les Fondements de la critique de l'économie politique,* vous trouvez aussi deux remarques d'une complète actualité. La première est que, si la progression géographique du capitalisme, sa dynamique de prise de contrôle de tout territoire émergé (et, bientôt, immergé...) constituent, pour lui, un recours contre ses crises et une possibilité de rebond, son élasticité et sa résilience diminuent, en revanche, au fur et à mesure de sa progression et finissant par s'épuiser avec la conquête du monde.

C'est à méditer aujourd'hui, à l'heure où le capitalisme a effectivement conquis le monde, et sa seconde remarque, dans les pages 360, porte sur la tendance, tout aussi irrépressible et tout aussi actuelle, à la domination de l'économie physique par l'économie financière. Il la diagnostique vers 1860 et, plus généralement parlant, il a fallu toute une somme de tricheries, la trituration de ses textes, une énorme bataille politique pour faire dire à ce malheureux Marx, anti-étatiste, antibureaucratique, anticentralisateur et apôtre de l'autogestion, qu'il fallait prendre l'appareil d'État à la bourgeoisie et tout centraliser. « Si tu me comprends comme ça, avait-il écrit à son gendre, Ferdinand Lassalle, moi, Karl Marx, je ne suis pas marxiste. »

Outre que Marx n'a jamais fait l'apologie de la violence, qu'il ne l'a jamais encouragée mais en a seulement pronostiqué la survenance, il suffit d'apprendre l'histoire pour se débarrasser de l'idée qu'il serait politiquement responsable de ce qui s'est fait en son nom, de ces crimes qui le démentaient. Je le répète. Quand la social-démocratie, difficile moment, s'est trouvée face à Lénine et au mouvement d'adhésion internationale suscité par la radicalité bolchevique, elle répond : « Non, nous respectons la liberté, ces libertés que vous appelez bourgeoises ou formelles. » Je n'ai pas de dieu, pas de maître, mais demande respect pour une tradition intellectuelle dont je suis l'héritier, Marx compris, et qui nous a fourni beaucoup des meilleurs outils pour comprendre une crise dont nous ne sortons pas puisque le chômage persiste.

B.G. : Alain Juppé, trouvez-vous autant d'actualité que Michel Rocard à...

M.R. : Je n'ai pas fini ! J'ai, un jour, demandé à Olof Palme, la grande figure de la social-démocratie suédoise mystérieusement assassinée en 1986, comment ils avaient fait pour rester quarante-quatre ans durant au pouvoir après leur première victoire de 1932. À force de faire court, il a un peu brutalisé l'histoire mais voici sa réponse : en 1931, une grève des mineurs est sauvagement réprimée par la monarchie absolue. On tire dans le tas. C'est admirablement raconté dans ce formidable film qu'est *Adalen 31* et la colère populaire est telle que les sociaux-démocrates, dès les élections suivantes, sont portés au pouvoir par un raz de marée. Ils gagnent mais ils ont gagné sur un programme plein de nationalisations dont ils avaient confié la rédaction à l'Internationale socialiste. Ça ne marche pas bien, pas du tout comme ils l'avaient espéré, et ils ne mettent que six mois à en tirer la conclusion. Déclaration solennelle du gouvernement : « Chers citoyens, nous sommes désolés, nous abandonnons le programme sur lequel vous nous aviez élus et nous réunissons en congrès de crise pour voir ce qu'on va faire. » Le congrès en question renonce aux nationalisations et à la propriété collective des moyens de production, affirme que les deux premiers problèmes de la Suède sont la démocratie politique dont elle était encore loin et la démocratie sociale qu'elle avait, bien sûr, à inventer et que, pour ce qui était de la réforme économique, il y avait quelques doutes sur l'efficacité des mesures prises par les Soviétiques et qu'on attendrait donc de pouvoir juger sur pièces.

Ça a tenu quarante-quatre ans d'affilée, suivis de plusieurs retours au pouvoir, mais je dois encore vous dire, pardon Alain, dans quelles circonstances Palme m'avait fait cette synthèse. C'était à la fin des années 1970. Nous sentions arriver la victoire de 1981 et Mitterrand a un jour une idée : « On va sans doute gagner, dit-il au bureau national, mais il faudrait demander aux Suédois comment ils ont réussi à durer si longtemps. » On les invite donc. Palme arrive avec cinq anciens ministres, tous francophones, pour un séminaire que j'avais organisé. Nous avons tout à apprendre mais Mitterrand n'est venu qu'à 11 heures du matin, le dimanche, pour la conférence de presse. Sa garde noire, les Joxe et les Chevènement, ne nous a honorés de sa présence que pour une demi-journée et seuls Mauroy et moi, les deux sociaux-démocrates, avons assuré la permanence. J'avais honte.

B.G. : Alain Juppé, vous trouvez autant d'actualité que Michel Rocard à la social-démocratie ?

A.J. : Il ressort de ce que dit Michel que nous n'avons ni les mêmes pères, ni les mêmes lectures, ni les mêmes références. Voilà enfin des éléments de différenciation mais un point d'histoire, d'abord. Vous dites que l'idée européenne est social-démocrate et démocrate-chrétienne…

M.R. : … Qu'elle a été portée par ces deux forces.

A.J. : Oui, mais qu'est-ce qui lui a permis de prendre son essor si ce n'est la réconciliation franco-allemande qui n'est pas complètement étrangère au gaullisme ? Le général de Gaulle est un acteur essentiel de la construction européenne mais venons-en à la social-démocratie. Je ne veux pas caricaturer, mais j'ai retenu deux idées dans la définition que vous venez d'en donner : l'économie de marché comme fondement de la liberté et, deuxièmement, le compromis. Je parlais tout à l'heure de Montesquieu, de son obsession de la liberté, y compris économique. J'ai commencé par dire mon refus de tout ce qui était fanatisme et par faire l'apologie de l'idée de modération qui n'est pas très éloignée de l'idée de compromis. Cette définition-là de la social-démocratie ne me paraît, donc, pas très discriminante…

M.R. : … Je ne l'ai pas définie. J'en ai esquissé l'histoire.

A.J. : Oui, mais une histoire dont il ressort que la social-démocratie, c'est le socialisme et la liberté, y compris économique. Si je tente, à mon tour, de me définir, c'est le libéralisme – l'amour de la liberté – et la justice sociale. Je ne veux pas chercher de consensus artificiel mais le fait est que, concrètement parlant, ça ne met qu'une feuille de papier à cigarette entre nous. Là où je ne suis en revanche pas d'accord, c'est sur cette déliquescence des États dont Bernard Guetta et vous parlez comme d'une évidence. Je ne la constate pas. Ce que je constate plutôt, c'est une crise du multilatéralisme et une réaffirmation des États sur une scène mondiale qui est, évidemment, devenue multipolaire. La Chine est un État, pas une démocratie mais un État qui s'affirme dans toute sa puissance. La Russie veut rebâtir un État fort pour redevenir une puissance à part entière. Les États-Unis sont un État, fédéral mais un État. Le Brésil aussi et pourquoi est-ce que l'Afrique peine tant à sortir du sous-développement ?

Précisément à cause de la faiblesse de ses États, incapables de lutter contre la corruption, d'édifier la démocratie, de construire des systèmes judiciaires crédibles, de bâtir, en un mot, l'état de droit. Je vois que l'État n'a pas été rayé de la carte par la mondialisation. Je vois sa permanence et sa pertinence et, bien que je sois prêt à sacrifier une bonne partie de nos souverainetés nationales au projet européen, cela me renforce dans mes convictions et ma fibre gaullistes.

Les États ne sont, bien sûr, plus les seuls acteurs de la scène internationale. Il y a, chaque jour, 3 000 milliards de dollars en jeu sur les marchés alors que nous n'avons réuni que moins de 800 milliards d'euros pour le fonds de solidarité européen. Certaines multinationales ont des chiffres d'affaires bien supérieurs au PIB d'un grand nombre d'États. De nombreuses ONG ont désormais plus d'importance politique que beaucoup de pays mais il n'en reste pas moins que les États restent des acteurs tout à fait importants de la scène mondiale.

B.G. : Importants, mais beaucoup moins puissants qu'un marché totalement internationalisé.

A.J. : Est-ce si vrai que cela ? Après la faillite de Lehman Brothers, par qui ce marché internationalisé est-il sauvé si ce n'est par les États ? Alors je sais bien qu'après, ils ne s'en sortent pas, qu'ils sont toujours dans la difficulté…

M.R. : … Voilà ! Vous le dites…

A.J. : Oui, mais la puissance des marchés trouve ses limites. L'État n'a pas perdu toute pertinence et le multilatéralisme est en crise. Est-ce que nous serons maintenant capables de fixer des régulations pour contenir le « fanatisme du marché » ? On va voir. Les G20 successifs ont annoncé des choses qui ne sont pas encore faites. Loin de moi l'idée que la mondialisation n'aurait pas complètement transformé les choses mais, lorsque j'entends qu'on s'interroge sur la disparition des frontières étatiques, je souris tristement car, sans oublier le mur entre la Cisjordanie et Israël, je vous rappelle que les États-Unis sont en train de murer leur frontière avec le Mexique. Le terrorisme redonne aux États une jeunesse qui les conduit, parfois, à des excès. Le monde n'est pas qu'un vaste marché. Il est beaucoup plus compliqué que ça et les États ont encore de beaux jours devant eux.

B.G. : Michel Rocard, lorsqu'Alain Juppé dit qu'il n'y a qu'une feuille de papier à cigarette entre son gaullisme et votre social-démocratie, est-ce que…

M.R. : Un mot d'abord sur l'État. Là, tout est affaire d'horizon car, oui, nous sommes dans une crise du multilatéralisme depuis une dizaine d'années mais elle ne fait que coïncider avec une pente nettement plus longue qui est celle de l'affaiblissement des États. Les deux choses sont vraies mais la plus marquante est la seconde.

Maintenant, la feuille de papier à cigarette… Je dois revenir, là, sur mes années de formation, sur cette enfance dont, contrairement à Alain, je n'ai pas parlé. Ce qui a fait ma vie, c'est ma date de naissance. Je fais mes études secondaires sous l'Occupation avec une première langue vivante, l'allemand, que je n'ai pas choisie, que je me fais un devoir de ne pas apprendre et dont je ne parle donc pas un mot. Il y a pire traumatisme mais c'est une empreinte psychologique. J'ai très tôt été, à mon niveau, dans la bataille politique d'autant que mon père était à Londres, que nous avions une faible certitude de le revoir vivant, que nous avons été perquisitionnés et que beaucoup de nos parents et amis ont disparu, plusieurs cousins ou encore Simone Weil, la philosophe, qui fut ma babysitter et me baladait au Luxembourg pour gagner quelques sous.

C'est aussi grâce à ma date de naissance, ou à cause d'elle, que j'étais un homme fait au moment de la guerre d'Algérie. Ça n'a pas, non plus, été votre cas. C'est une autre expérience extraordinairement lourde et puis il y en a une troisième. Comme vous cette fois-ci, je suis d'origine chrétienne, devenu plutôt agnostique. Pour reprendre votre formule que j'ai bien aimée, je me place plutôt parmi ceux qui cherchent que parmi ceux qui ont trouvé mais j'ai reçu une éducation protestante hors pair qui a joué un rôle considérable dans l'orientation de ma vie adulte car nous faisons notre instruction religieuse plus tard que chez vous, passé quinze ans. L'institution protestante...

A.J. : ... Est-ce que c'est une institution ?

M.R. : Le fait est qu'elle m'a beaucoup charcuté les neurones à propos du chameau et de l'aiguille et que je pense pouvoir lui attribuer mes idées de solidarité et mon positionnement de gauche bien plus encore qu'à la social-démocratie qui n'intervient qu'après, je pourrais même dire comme une conséquence du protestantisme.

Alors de Gaulle, dans ma famille, c'était un dieu, évidemment. Nous étions des fidèles de Radio Londres. Il était l'espoir, une fierté, la dignité de la France. La Fondation Charles de Gaulle m'a récemment demandé l'autorisation de republier le discours que j'avais prononcé à l'occasion du centenaire de sa naissance. C'est un texte que j'avais beaucoup travaillé car je garde une immense admiration pour lui mais tout de même... Le de Gaulle qui deux fois de suite, à la Libération – la première avec succès, la seconde sans être suivi –, appelle à voter contre les projets institutionnels mis au point par des constituantes dont il avait lui-même souhaité la formation...

Je n'ai pas trouvé ça bien ! Pour qui se prenait-il ? Bon, bien sûr, il était la France, mais il ne l'était pas à lui seul et, là, j'ai un peu décroché. Puis vient la guerre d'Algérie. Nous sommes redevenus durement gaullistes, bien entendu, mais cette guerre a surtout renforcé mon enracinement dans ce qu'on appelle aujourd'hui la « deuxième gauche » et qui n'est que la vraie gauche, la social-démocratie, car je participais alors à ces réunions de l'Internationale où le parti de Guy Mollet était, à juste titre, mis en accusation, dénoncé, insulté par tous les autres partis sociaux-démocrates. J'en avais honte. C'est là que ma formation politique s'est achevée, que je suis vraiment devenu ce que je suis et venons-en donc à la définition de la social-démocratie.

C'est trois choses à la fois. C'est une institution d'hommes rassemblés, une longue histoire et une pratique. L'institution, l'Internationale socialiste, est la seule à être mondiale, pas seulement européenne, pas seulement occidentale mais mondiale avec 149 partis et à peu près autant de pays représentés en son sein. Quand on rencontre en séminaire les militants du parti pakistanais de Benazir Bhutto, on a l'impression qu'on a des choses à leur dire en matière de laïcité. Quand Bruno Kreisky, juif et chancelier autrichien, se fait le premier pont entre nous et ce qui deviendra l'Autorité palestinienne, on se dit que l'internationalisme de la social-démocratie n'est pas un vain mot.

Fondée sur un système de convictions à peu près cohérent, cette Internationale est une sorte de réseau. C'est un très précieux réseau tissé par une histoire commune de défense de la justice sociale et de refus du communisme ; dont le ciment est une approche des affaires du monde donnant la priorité à l'international et non pas à l'instrument de travail qu'est l'État national ; qui privilégie la négociation et le compromis sur la force et la répression et qui est ralliée à l'économie de marché.

L'économie de marché ne fait pas partie de notre définition mais elle nous sert à augmenter la richesse pour la partager. Notre définition, c'est que nous la voulons régulée, régulée dans de multiples sens mais au profit des plus démunis et en freinant l'enrichissement des plus riches par la redistribution. La social-démocratie a compris, contrairement au communisme, qu'il fallait bien des investissements, que c'est le capital et ses détenteurs, les riches, qui font tourner la machine et qu'il n'est pas question de tout casser, notamment pas le marché. Premièrement, donc, le compromis et, deuxièmement, l'analyse sociale selon laquelle un marché non régulé est instable.

C'est là qu'est le cœur de l'affaire. Dans la bataille d'aujourd'hui pour une nouvelle régulation financière, je me sens social-démocrate jusqu'au bout des ongles, et j'ai un copain qui ne l'a jamais été, qui n'avait jamais rencontré ce monde-là, qui s'appelle Joseph Stiglitz et qui est en train de se dire que ce monde est le sien car il a compris que les dogmes de Milton Friedman ne marchaient pas, qu'il nous faut une régulation et que cette idée, c'est bien la social-démocratie qui la porte.

Institution, histoire, pratique, la social-démocratie n'a pas d'équivalent et c'est ce qui me fait doucement rigoler quand je vois les efforts conjoints de Cohn-Bendit et de quelques-uns de nos dissidents socialistes pour essayer de créer, ensemble, un nouveau parti. On ne connaît pas de parti qui gouverne sérieusement s'il n'a pas au moins trente ans d'âge ! Jouer à des choses comme ça dans un seul pays, sans racines et sans relais international, me paraît désuet et plutôt folingue.

B.G. : Alain Juppé, est-ce que la feuille de papier à cigarette s'épaissit, là, entre Michel Rocard et vous ?

A.J. : Je crains que non, sauf sur un point. Michel dit : « L'économie de marché ne fait pas partie de notre définition », alors que pour moi on n'a trouvé aucun autre système efficace pour produire de la richesse.

M.R. : ... Encore une phrase, pour plus de clarté. J'ai connu en France beaucoup de gens qui n'ont pas été de gauche parce qu'à l'époque de leur grand choix, de leur maturité de jeunes adultes, la gauche était imbécile et non présentable. Le principal était Edgard Pisani et, peut-être, pourrais-je aussi citer Alain Juppé...

B.G. : « Imbécile et non présentable » parce qu'elle était à la fois Guy Mollet et le communisme ?

M.R. : Le communisme était le facteur majeur dans l'imbécillité comme dans la non-présentabilité mais Guy Mollet ne sauvait pas beaucoup les choses, avec le double discours permanent et tout le reste. Je suis un social-démocrate malheureux qui a passé les trois quarts de sa vie à voter pour des orientations et des chefs qu'il n'approuvait pas mais je suis un vrai social-démocrate. Un, je suis social-démocrate par raisonnement probabiliste car, simple question d'arithmétique, pour faire passer de la réforme, il vaut mieux avoir avec soi la masse des non-nantis – je ne vais pas les appeler pauvres – que la minorité des nantis.

Deux, je n'ai jamais renoncé à l'idée que l'avancée des peuples et le progrès de la démocratie exigeaient à peu près toujours qu'on fasse tomber les privilèges et les rentes de ceux qui en ont.

B.G. : Vous avez murmuré, Alain Juppé, que la feuille de papier ne s'épaississait pas mais auriez-vous pu être de gauche, comme Michel Rocard vient de le dire ?

A.J. : Beaucoup de mes amis me le demandent et certains l'affirment même. Je ne peux pas rencontrer ce vieux copain qu'est, pour moi, Jérôme Clément, l'ex-président d'Arte, sans qu'il ne me pose la question. Alors pourquoi ne me suis-je pas engagé dans un parti de gauche ? Dans ma période universitaire, je n'ai pas supporté l'arrogance d'une certaine gauche, cette arrogance intellectuelle qui...

M.R. : Il a raison.

A.J. : On ne pouvait pas être considéré comme intellectuellement structuré si on n'adoptait pas la vulgate en cours à l'époque, essentiellement marxiste. C'était insupportable, particulièrement insupportable à l'École normale...

B.G. : ... Je vous interromps mais l'arrogance de la droite, ça ne vous a jamais gêné ?

A.J. : À ce moment-là, la droite est, intellectuellement, au 36e dessous. Elle n'est pas dominante à l'Université et donc guère en situation d'être arrogante. Ce qui domine, c'est la pensée de gauche. Je ne supportais pas l'idée qu'il valait mieux avoir tort avec Sartre que raison avec Aron. La deuxième chose qui m'a orienté dans mes choix politiques, c'est 1968. Je n'ai pas été heureux en 1968. J'ai longtemps hésité à le dire parce que c'est presque inavouable mais, ça y est, j'ai surmonté mes complexes et je le dis : non, je n'ai pas été heureux en 1968.

M.R. : On est deux !

A.J. : Je ne savais pas tout ce qu'on sait aujourd'hui sur la Révolution culturelle, mais enfin... La référence à Mao, pour moi, tout ça, ça ne passait pas. Cela dit, une fois jeté ce coup d'œil dans nos rétroviseurs respectifs, j'en reviens au papier à cigarette et quel est l'économiste que je cite le plus souvent, y compris dans mon blog ? C'est Joseph Stiglitz. J'ai adoré *Un autre monde*. J'ai un peu moins aimé le dernier, *Le Fanatisme de la cupidité* que j'ai trouvé un peu répétitif...

M.R. : ... Vous avez dû adorer *Quand le capitalisme perd la tête* ?

A.J. : Oui, bien sûr, et c'est là qu'on retrouve le papier à cigarette car Stiglitz est vraisemblablement considéré, aux États-Unis, comme un dangereux social-démocrate, pour ne pas dire un socialiste, alors que je le considère, moi, comme un libéral tempéré.

M.R. : Les sociaux-démocrates sont des libéraux tempérés.

A.J. : Ah oui ! C'est bien pour cela que le débat est un peu difficile. J'adhère totalement à l'idée qu'une économie de marché qui n'est pas régulée perd la tête. Je suis un libéral tempéré et cette idée de régulation du marché, qui la soutient aujourd'hui ? Vos amis, indiscutablement, mais les miens aussi. Quelle est la bataille que mène le président de la République si ce n'est celle de la régulation dont il a fait son cheval de bataille ?

Je ne sais pas si c'est une habileté conjoncturelle ou une vraie conviction qui lui serait venue de l'expérience et des faits. Je n'en sais rien, mais cela me satisfait puisque cette bataille est la mienne, comme la vôtre, mais sans que cela fasse de moi un social-démocrate. Au fond, c'est la priorité que vous donnez au réseau international qui nous distingue. L'Internationale socialiste, cette institution, cette histoire, je n'ai pas ça dans mon héritage. Dans mon héritage gaulliste, j'ai même une espèce... J'allais dire d'enfermement politique... Oui, c'est un peu cela, c'est vrai, et je l'ai douloureusement vécu quand j'étais parlementaire européen.

J'appartenais à un groupe, présidé par Christian de La Malène, dans lequel les gaullistes s'étaient acoquinés avec des Irlandais, une séparatiste grecque et quelques Écossais, parce qu'ils voulaient garder leur identité et ne pas se fondre dans le Parti populaire européen qui passait à leurs yeux pour démocrate-chrétien, autant dire une abomination. Je voulais, moi, que nous nous inscrivions au PPE. J'en avais convaincu Chirac mais La Malène a magnifiquement joué et ça ne s'est pas fait.

Ni dans ma vie ni dans mes références politiques, je n'ai ces références internationales qu'a Michel. C'est sans doute une faiblesse. C'est, en tout cas, une différence mais là où je verrais un début de contradiction chez Michel, c'est que la force de régulation, c'est l'État. Malgré la mondialisation, malgré l'internationalisation des problèmes et à cause peut-être de la crise du multilatéralisme, cette régulation que nous appelons tous de nos vœux se fondera sur des initiatives étatiques, sur une détermination étatique et sur de l'intergouvernemental. C'est l'État qui régule et c'est dans ce constat que je retrouve ma fibre gaulliste.

B.G. : C'est l'État dans le cadre national ou les États, dans le cadre mondial ?

A.J. : Les États dans le cadre mondial, bien entendu. Les États ensemble, mais pas un *deus ex machina* international ou un multilatéralisme dont je rêve, évidemment, mais qui est en crise. Copenhague n'a pas marché. L'Organisation mondiale du commerce ne boucle pas son cycle. L'ONU n'arrive pas à se réformer. Le G20 reste pour l'instant plus déclamatoire que concret. Les grands enjeux sont, certes, mondiaux mais rien ne peut se faire sans recherche de compromis entre les États qui demeurent déterminants.

B.G. : Avec seulement une histoire et des nuances pour vous séparer, beaucoup plus de convergences que de divergences, serait-il possible que vous vous retrouviez, un jour, dans un même parti ?

M.R. : Très difficile, car l'appartenance partisane se fait au nom de références communes dont la formalisation et l'acceptation ont demandé à chacun des concessions réciproques. Il y a aussi des amitiés, des traditions, des encouragements, des solidarités, et il n'y a pas de politique digne de ce nom qui s'accommode de la trahison de ce long travail commun. On ne laisse pas tomber tout ça. La stricte vérité est que, droite et gauche, nous sommes principalement ce que nous sommes en raison d'héritages historiques mais le fait que ces héritages soient datés et que leur pertinence ne soit plus absolue par rapport aux problèmes que nous avons à résoudre n'enlève aucune réalité à leur prégnance.

A.J. : Je peux vous interrompre là-dessus ?

M.R. : Oui.

A.J. : Sur ce point, même réponse. Je n'envisage pas trente secondes d'adhérer au Parti socialiste. Je n'envisage pas non plus trente secondes de participer à une ouverture qu'il pratiquerait sauf si, vraiment, il changeait profondément. Et pourquoi ? Pour les raisons qui viennent d'être invoquées par Michel et auxquelles j'ajouterai la valeur de fidélité qui reste pour moi cardinale... peut-être parce qu'elle est rare.

M.R. : C'est un langage symétrique. J'ai le même, vis-à-vis de vous.

A.J. : Oui, bien sûr. Il y a une base pour le dialogue, peut-être pour des actions bipartisanes...

M.R. : ... Oui, ça sûrement...

A.J. : ... Quand nous coprésidons la commission du grand emprunt, c'est bien un geste bipartisan montrant que ce n'est pas la guerre de religion et qu'on peut transcender les clivages de nos partis sur des problèmes spécifiques. Il y a des zones de convergences, mais je préfère travailler comme ça que d'évoluer vers une sorte de maelström politique où tout se mélange car il y a nos histoires, une fidélité à des partis...

B.G. : Mais ça s'appelle des clans ! Ça ne s'appelle pas de la politique.

A.J. : Non ! Ça ne s'appelle pas des clans. Ça s'appelle des institutions politiques et...

M.R. : Bernard, pourquoi utilisez-vous un mot aussi désagréable ?

A.J. : ... Et les institutions politiques sont quand même un ressort de la démocratie ! Même s'ils ne sont pas en guerre idéologique sur tous les sujets, la confrontation entre des partis est une nécessité du débat public car le rêve d'un consensus général est illusoire, peut-être même dangereux pour la capacité d'innover. Je sais bien que Michel n'est pas plus le Parti socialiste que je ne suis l'UMP. J'exprime une sensibilité de l'UMP, il exprime une sensibilité du Parti socialiste et nous ne sommes pas suivis à 100 % par nos camarades respectifs...

M.R. : ... Hélas, non !

B.G. : Mais vous, Juppé, vous êtes plus proche de Rocard et Rocard est plus proche de vous que vous ne l'êtes l'un et l'autre de beaucoup de vos amis politiques.

A.J. : Peut-être mais nous restons attachés, pour des raisons historiques, culturelles et humaines, à nos formations respectives et, tout comme Michel, je préfère faire évoluer la mienne, de l'intérieur, vers des solutions de compromis ou de conciliation plutôt que de basculer dans quelque chose de différent.

M.R. : Mon cher Bernard, il y a dans votre culture une dominante qui, là, vous empêche de nous comprendre. Vous êtes journaliste. C'est une profession dont l'expertise se perd un peu par les temps contemporains mais elle exige de vous une absolue indépendance par rapport à tout conformisme et tout discours collectif. Cette indépendance fait votre richesse d'observateur et de commentateur mais nous avons tous les deux choisi d'être beaucoup de choses dans la vie, mais sûrement pas observateurs et commentateurs. Nous sommes d'abord acteurs et notre nécessité à tous les deux, c'est d'agir collectivement, avec des forces que nous devons prendre comme elles sont, comme l'histoire les a faites, avec leur passé, leur archaïsme, tout ce qu'on veut... Voilà !

Voilà, mais ce n'est pas tout. L'autre chose à dire, c'est que les idées évoluent et les forces politiques aussi. De 1945 à 2010, nous sommes passés d'un capitalisme à un autre. Les trois décennies d'après-guerre, les trente glorieuses, c'était un capitalisme strictement régulé et porteur d'une ambition sociale. La grande croissance que nous avons alors connue s'explique largement par des politiques systématiques de hauts salaires, voulues au nom de raisons macroéconomiques et visant à dynamiser le pouvoir d'achat, celui des classes moyennes mais aussi, par effet d'entraînement, des classes populaires. Ce capitalisme marchait bien. Ses résultats ont été au rendez-vous. Le progrès social a été une réalité – et laquelle ! – dans tout le monde occidental, mais tout cela s'est accompagné de l'envol d'un capitalisme financiarisé, offrant tout à coup à un grand nombre de gens, très minoritaires mais nombreux, la possibilité de faire une vraie fortune par la spéculation.

En 1970, pour un dollar commercial, il circulait un dollar financier. On est, maintenant, à 1 pour 120. Un pour 120 ! Folie du monde, accroissement des inégalités, casino, indécence des grandes fortunes et ceci s'est accompagné d'évolutions doctrinales majeures avec l'émergence du monétarisme et des doctrines de Milton Friedman, d'une nouvelle idéologie dominante selon laquelle le marché est auto-équilibrant – tout équilibre de marché est optimal et la régulation ainsi que toute intervention publique sont des choses dont il faut se débarrasser parce qu'elles sont non performantes.

L'objectif était d'accroître les possibilités de faire fortune et cette philosophie a créé, dans le monde entier, une droite de l'argent. Aux États-Unis, c'est clair. Ça se lit dans la profusion de portraits des dynasties familiales. Mme Thatcher a fait accoucher la Grande-Bretagne de cette vision des choses qu'elle a brutalement imposée et qui reste marquante, non seulement chez ses héritiers conservateurs mais aussi chez Tony Blair. Les États scandinaves ont été influencés par cette façon de penser. Les Pays-Bas, régulateurs parmi les régulateurs, inventeurs de la politique agricole commune, y sont massivement passés. Le Japon n'a parlé que cette langue pendant un temps fou et, dans toute la démocratie chrétienne européenne, il y eut une grande bagarre, des gens qui étaient les enfants de ce nouveau capitalisme et le propageaient, comme Silvio Berlusconi ou José Maria Aznar, et d'autres qui s'opposaient à cette rupture avec leurs références fondamentales que sont la doctrine sociale de l'Église et l'économie sociale de marché.

Pour des raisons qui tiennent à notre histoire, au Conseil national de la résistance, à de Gaulle et à une tradition très jacobine et très centralisatrice, cette philosophie de l'argent n'a pas trouvé de représentation politique en France. L'État en fait trop en France. Durée du travail, Sécurité sociale, assurance-maladie, il met son nez partout et nous nous porterions mieux si tout cela était contractuel mais, au moins, n'avons-nous pas cédé aux mirages de la main invisible du marché que personne n'a heureusement su nous vendre.

Alain Madelin s'y est essayé, mais dans une grande solitude, avec Gérard Longuet peut-être un peu. Madelin est un homme charmant, très droit, intelligent et cultivé. Nous sommes devenus assez liés au Parlement européen mais il est la vraie droite, une droite comme il n'y en a pas en France et pour laquelle le clivage avec la gauche est le rôle de l'État dans la vie économique. Dès qu'Alain dit, ici, qu'il est partisan de la régulation de l'économie de marché, il s'affiche comme un homme de gauche par rapport aux droites américaine, britannique, italienne, japonaise ou espagnole mais c'est, en fait, à une autre droite que ces droites d'argent qu'il appartient, pas à la gauche.

A.J. : Et comment expliquez-vous que je passe pour tellement à droite aux yeux de la gauche française ?

M.R. : Je vais vous le dire comme je le pense. Il y a une terrifiante imbécillité de la gauche française, d'une partie d'entre elle du moins, un conformisme des dogmes et des droits acquis, un refus, au fond, du compromis. C'est la gauche française qui avait quand même lancé cette bizarre offensive internationale visant à faire une distinction théorique et organisationnelle entre socialisme et social-démocratie. C'était complètement idiot. Le parti fondateur, c'est le Parti social-démocrate allemand, le SPD, créé en 1862. Le voisin autrichien, l'année d'après, s'appelle également social-démocrate et les Scandinaves, quand ils ne s'appellent pas Parti du travail, ils s'appellent aussi sociaux-démocrates.

C'est la même substance mais nous avons, en France, une terrible dérive langagière qui explique que lorsqu'un prince venu d'ailleurs, François Mitterrand, un prince venu de la droite, prend le contrôle du Parti socialiste deux jours après y avoir adhéré et qu'il lui faut une légitimité, il casse délibérément le long travail de restructuration mendésienne, de restructuration réformiste si vous voulez, alors que les autres partis de l'Internationale avaient abandonné depuis longtemps le mot et l'idée même de révolution.

A.J. : Je crois qu'on met, là, le doigt sur l'une des raisons de la difficulté qu'il y a à trouver des éléments de différenciation marqués entre nous. Si je me situe comme je le fais à droite mais sans nier des convergences avec la social-démocratie, c'est que l'empreinte que le gaullisme a laissée sur nous est profonde, que nous avons une espèce d'allergie au friedmanisme et même au madelinisme...

B.G. : ... Pour ce qui est de Madelin, ça s'est rapidement vu...

A.J. : J'ai, sur l'homme, une opinion aussi favorable que Michel. C'est pour des raisons tout à fait circonstancielles que je l'avais viré du gouvernement mais le fait est qu'il n'y a pas d'empathie extrême entre nous. Pour toute cette frange-là de la droite française, je suis un affreux jacobin, un colbertiste, alors que je suis en réalité girondin mais attaché à la régulation par l'État. Je le suis, tout autant que Michel et les sociaux-démocrates. Je le suis parce que je suis gaulliste et, quand vous dites, Michel, que l'État en fait beaucoup trop en France, je vous rejoins à nouveau car pour moi l'État doit être garant, pas gérant, doit poser des règles et réguler mais pas nationaliser ni forcément gérer tous les services publics en régie.

B.G. : « L'État garant », c'est l'État arbitre ?

A.J. : Plus qu'arbitre, il fixe des règles et les fait respecter.

M.R. : C'est un arbitre qui donne une vision du futur à ses arbitrages.

A.J. : Et qui garantit le respect des libertés fondamentales et l'efficacité d'un marché, efficace parce que régulé.

M.R. : Pas seulement régulé ! Régulé et équitable.

A.J. : Absolument : équitable et garant de la cohésion sociale parce que régulé. Il n'y a pas de performance économique sans justice sociale, pas de réforme, non plus, sans justice. Nous en sommes d'accord mais, au-delà de toutes ces convergences, je verrais trois éléments de différenciation entre la droite et la gauche, y compris entre ma droite et la gauche qu'incarne Michel.

La droite mise plus sur l'individu et sa liberté alors que la gauche mise, avant tout, sur la collectivité et le lien qui la soude. La droite est plus attentive à l'entreprise privée que la gauche dont la préférence va souvent au secteur public et, bien que les choses aient beaucoup évolué depuis quelques années, l'autorité et la sécurité restent plutôt des valeurs de droite tandis que la tolérance, le laxisme si je suis moins gentil, est plutôt une attitude de gauche. Je vais faire bondir Michel qui me dira que ce n'est pas sa gauche mais, dans mon conseil de communautés à Bordeaux, je dois mener une bagarre permanente pour éviter qu'on ne mette en régie tous les services publics car, dès que je parle de partenariats entre le public et le privé, dès que je parle de délégation de service public, le petit noyau communiste sans lequel il n'y aurait plus majorité socialiste grimpe aux rideaux et entraîne ses alliés.

Cette sensibilité de la gauche n'est pas seulement un résidu communiste.

Elle a intoxiqué une partie du Parti socialiste. Elle subsiste dans toute la gauche. C'est un clivage fondamental. Pour ce qui est de la sécurité, quand je parle de vidéoprotection au conseil municipal, je me fais cartonner par l'opposition socialiste parce que ce serait attentatoire aux libertés publiques. J'ai beau expliquer qu'il n'y a pas de libertés publiques sans répression du crime, le clivage est là et n'existe pas qu'à Bordeaux.

M.R. : Sur ces trois sujets, il serait prudent de parler de dominance plutôt que d'absolu. Sur le premier, individu et collectivité, je dirais que l'objectif premier de la social-démocratie est de défendre l'individu mais avec l'absolue conviction qu'il ne peut s'épanouir que si l'école a été bonne, que si la sécurité est assurée et que s'il a accès à des transports publics et un système de santé qui marchent correctement. Il n'a pas été donné assez d'espace, d'importance et de reconnaissance à la puissance publique, ni nationale ni européenne, pour assurer ces conditions de l'épanouissement individuel et nous sommes aujourd'hui demandeurs d'une amélioration de l'État et d'une intensification de ses capacités régulatrices, même si nous ne souhaitons pas qu'il se mêle de tout. En une phrase, nous entendons renforcer les chances d'épanouissement de chaque individu par une amélioration constante du fonctionnement de la collectivité.

Votre deuxième sujet, c'est l'entreprise et alors, là, nous avons clairement une différence intellectuelle majeure entre les deux gauches. Ce qu'on a fini par appeler la deuxième gauche entend adapter et canaliser l'économie de marché alors que la première, en douce, sans oser le dire, conserve des rêves d'économie administrée...

B.G. : ... Administrée ou collectivisée ? Ce n'est pas la même chose.

M.R. : Si, c'est le même univers car...

B.G. : ... Le même ? Alors que les modes de propriété sont différents ?

M.R. : Le mode de propriété est une variable à laquelle on donne plus ou moins d'intensité selon la marge politique dont on dispose et l'histoire dont on a hérité mais tout ça, c'est bien de la même veine. C'est l'idée que le gouvernement d'un pays est en état de décider du taux de croissance et du choix des investissements prioritaires alors qu'il est bien évident que ça ne marche pas. On le sait. Les Suédois l'avaient tout de suite compris mais il y a toujours un gros tiers du Parti socialiste pour penser que ça devrait marcher.

Le drame du Parti socialiste est qu'il pense avoir besoin de son unité pour se tenir chaud au cœur alors que le clivage sur l'économie de marché est totalement mûr. Il est fait, écrit, mais de là à le reconnaître et à en tirer les conséquences... Au congrès du Mans, avec deux petites motions et une grosse, celle de François

Hollande, nous avions une majorité exprimée, 53 % des voix, pour dire : « Point de révolution : on avancera pas à pas, on veut du compromis social, réguler et non pas détruire l'économie de marché, et nous sommes européens, ce qui veut dire qu'on le reste même quand la majorité européenne se trouve être à droite. »

C'était la première fois depuis 1905, la première fois depuis un siècle, qu'on sortait clairement des mythes révolutionnaires pour devenir un parti de compromis. Là, à ma table de congrès, j'ai failli commencer un papier dont le titre aurait été « Hourra ! Jaurès a gagné ! », l'ancêtre politique de la deuxième gauche l'a enfin emporté. J'allais m'y mettre puisqu'il y a une filiation Jaurès, Mendès, Rocard, Delors mais Hollande monte à la tribune : « Maintenant, dit-il, il faut faire la synthèse. » C'était reparti ! On remet les défenseurs de l'économie administrée au bureau national, dans une instance de direction qui ne peut pas prendre une décision sans être parvenue à l'unanimité.

B.G. : Et le troisième point d'Alain Juppé : le « laxisme » ?

A.J. : J'ai dit la « tolérance », l'indulgence, la peur de l'autorité et du discours sécuritaire.

M.R. : Tel qu'Alain le dit là, ça peut m'aller, mais quelle est la source de cette différence ? La source en est que nous nous méfions, et à juste titre, du choix de la répression comme première forme d'action face à la difficulté qu'il y a à maintenir l'ordre. Après, nous sommes tous empêtrés, gauche et droite, de nos traditions respectives et j'ajouterais que je suis un grand défenseur des services de police, de gendarmerie et de renseignement dont j'ai été, plus que vous Alain, un réformateur efficace.

A.J. : Je n'ai jamais, pour ma part, ni dit ni considéré que le principe d'autorité et la recherche de la sécurité comme liberté publique ne devaient pas s'accompagner d'une politique de prévention.

B.G. : Et quand le président de la République remet en question l'égalité des Français, la Constitution qui affirme, dans son premier article, l'égalité des Français quelle que soit leur origine, vous ne bondissez pas ?

A.J. : J'ai bondi.

B.G. : Vous avez toussoté sur votre blog.

A.J. : Ah non ! J'ai dit que je n'étais pas d'accord. Je l'ai dit sur les ondes de RTL. Je l'ai redit dans les colonnes de *La Croix* et également dit au Président. Mon désaccord était suffisamment clair pour n'être pas passé inaperçu et que son expression ait été souvent citée. Vous devriez vous souvenir de l'échange que j'ai eu à ce propos avec Étienne Mougeotte. Après que j'ai fait observer que « la déchéance de la nationalité française était quelque chose de gravissime », il me rétorque : « Est-ce que tuer un policier, ce n'est pas gravissime ? » et je lui réponds : « Bien sûr que oui, c'est gravissime mais, que l'auteur d'un meurtre de policier soit d'origine bretonne ou maghrébine, il n'y a pas de raisons de le traiter différemment. » Cette idée de déchéance est, juridiquement parlant, extrêmement compliquée et, moralement, tout à fait contestable mais, de là à dire qu'on est dans un régime liberticide, à évoquer les rafles et des relents du nazisme, non ! Pardon, Michel, mais je vous l'ai dit, et même publiquement, c'est vraiment outrancier et ce n'est pas parce qu'une commissaire européenne cède à cette outrance que ce n'en est pas une. Le grand rabbin de France a eu raison de souligner que renvoyer des Roumains dans leur pays d'origine avec un pécule de 300 euros chacun, ce n'est pas tout à fait la même chose que d'envoyer des juifs vers Auschwitz !

On n'a pas le droit de comparer les deux choses. Je n'admets pas qu'on le fasse. Personne ne devrait l'admettre et il faut arrêter aussi de crier à l'assassinat des libertés alors que nous vivons dans un pays où les contre-pouvoirs sont partout. Ce n'est tout de même pas parce qu'on vire un membre d'un cabinet ministériel qui avait donné des tuyaux à un journaliste que la liberté de la presse est mise en cause ! Il ne faut pas plaisanter. La presse est un contre-pouvoir. Elle le reste et heureusement il y en a d'autres, puissants, dans notre pays. Moi qui vis dans une région socialiste, un département socialiste et une communauté urbaine socialiste, je préfère vous dire que je sens le poids des contre-pouvoirs régionaux...

B.G. : Personne n'a comparé les reconduites des Roms à la frontière à la déportation des juifs vers les chambres à gaz. Comme tant de gens vous avez sur-entendu un constat parfaitement exact qui est que, depuis la Seconde Guerre mondiale, aucune démocratie européenne n'avait dérapé dans la discrimination ethnique.

A.J. : Je regrette, mais j'ai parfaitement entendu cet amalgame et vous avez, vous, Bernard, sur-entendu ce qu'a dit le président de la République. Je pense que l'affaire des Roms a été mal gérée, avec bien trop de médiatisation et de graves excès. C'est la raison pour laquelle j'ai dit que je ne me sentais pas à l'aise avec cette approche des questions de sécurité. Ma position a été interprétée comme globalement critique vis-à-vis du président de la République mais, cela étant dit, il n'en reste pas moins que l'insécurité est un vrai fléau.

La sécurité est une liberté fondamentale et tant de gens le pensent aussi que j'aurais presque tendance à gommer ce que j'ai dit avant en parlant d'un marqueur entre la droite et la gauche. Quand vous consultez un maire de gauche et un maire de droite sur la sécurité de leur ville, vous vous rendez compte qu'ils sont parfaitement d'accord. Ils sont d'accord pour installer des caméras de vidéoprotection, il y en a plus à Lille qu'il n'y en a à Bordeaux, et les maires de droite sont tout autant partisans que les maires de gauche de la police de proximité. Tout comme les maires de gauche, je réclame des unités territoriales de quartier, des UTEQ, car il faudrait être naïf pour nier qu'on assiste aujourd'hui à une montée d'un cran de la violence urbaine. J'ai dit, et le répète, qu'on ne peut pas créer une peine supplémentaire de prison incompressible à chaque fois qu'il se commet un crime, qu'il y en a assez de l'hyperinflation législative et de son inefficacité mais on ne peut pas sous-estimer l'insécurité. On ne doit pas sous-estimer l'atteinte qu'elle porte à la liberté des citoyens, à commencer par celle des plus modestes et des plus fragiles.

Encore un mot sur les Roms. Il ne faut pas les confondre avec les gens du voyage. Les Roms sont des sédentaires. Ils voyagent pour s'installer quelque part, contrairement aux gens du voyage, avec lesquels j'ai eu quelques problèmes l'été dernier mais qui sont citoyens français depuis de nombreuses générations, qui ont du boulot et qui ont un toit, mobile mais un toit...

B.G. : Ce sont des forains...

A.J. : Oui, et le seul problème avec eux est qu'il faut leur trouver des aires d'accueil alors que les Roms sont des étrangers qui arrivent de façon souvent régulière, de l'Union européenne dont ils sont citoyens, mais qui s'installent dans la propriété d'autrui, ce qui est incontestablement contraire à la loi républicaine. La plupart des sites dont on les a évacués sont des squats, comme j'en ai au cœur de Bordeaux, et c'est sur des décisions de justice qu'on les en a évacués.

Il y a une extraordinaire mauvaise foi à oublier ce fait et à passer, aussi, à la trappe tous les efforts d'insertion sociale que nous faisons pour accueillir les Roms. Nous avons créé à Bordeaux, entre l'État et les collectivités locales, une Maîtrise d'ouvrage urbaine et sociale, on dit une « Mousse », pour essayer de traiter, au cas par cas, le problème de ces familles, leur donner un toit, un travail et scolariser leurs enfants mais le problème est qu'on a les pires difficultés pour y arriver parce qu'ils sont rejetés par la population française. Essayez de mettre des Roms dans un immeuble HLM et vous verrez ce qui se passe... Leur intégration ne va pas de soi. Il y a eu une erreur de la part du gouvernement à trop stigmatiser cette population. La circulaire de l'Intérieur, première version signée par Brice Hortefeux ou son directeur de cabinet, je n'en sais rien, a été une bourde, mais il y a eu face à cela une hyperréaction frisant le délire.

Quand on est commissaire à Bruxelles, on ferait bien de demander pourquoi les Roms sont traités comme ils le sont en Roumanie ou dans leurs autres pays d'origine. La règle européenne est, aussi, de respecter les minorités nationales. Quand leurs pays d'origine laissent vivre les Roms dans des bidonvilles, sans emplois et victimes d'une discrimination absolument évidente, on devrait s'interroger et ne pas simplement stigmatiser la France qui ne crée pas le problème mais en hérite. Là, je me sens en défense de l'honneur national et quand j'entends parler d'une tache sur le drapeau tricolore... Non ! Faut pas pousser le bouchon trop loin.

B.G. : Ça, c'était pour Dominique de Villepin mais...

A.J. : Vous l'avez reconnu !

B.G. : Mais vous, Michel Rocard, pensez-vous avoir poussé le bouchon trop loin en disant qu'on n'avait pas vu ça depuis Vichy et le nazisme ?

M.R. : Dans une affaire comme celle-ci, où tout se mélange, les Roms, les gens du voyage, l'immigration, la sécurité, nous sommes tous victimes de l'hypermédiatisation et des symbolisations qu'elle induit. On ne s'écoute plus. On ne se lit plus et le « ça » de la citation que vous venez de faire de moi n'était rien de tout ça. Bien d'autres que vous s'y sont trompés, mais je parlais de l'idée de punir les parents d'enfants mineurs coupables de délits, du recours à une pénalisation collective totalement contraire au droit pénal français et à son principe d'individualisation de la peine, reconnu depuis bien avant la Révolution française et respecté depuis trois siècles. La seule exception au respect de ce principe, c'est sous Vichy. C'est un fait que j'ai rappelé. Cela a été entendu de travers mais, devant les méfaits de l'hypermédiatisation, ma réaction est souvent le silence et le retrait. Quand un problème est à ce point-là pourri, je n'interviens plus mais oui, dans la mesure où je suis l'un des hommes de gauche auquel le président de la République a fait l'honneur de l'écouter quelques fois, j'ai voulu lui dire, sur ce point précis, précisément sur ce point, qu'il y avait des principes et des feux rouges. Relisez mon texte et vous verrez mais, quand tout tombe dans le même chaudron à symboles, même mon ami et complice Alain Juppé peut se tromper.

A.J. : J'ai été tellement souvent victime de ce genre d'erreur que je plaide volontiers coupable.

M.R. : Vous n'avez pas à le faire car ce genre de situation nous fait tous tomber dans les mêmes pièges mais, autant la pénalisation des parents pour des délits commis par leurs enfants était gravissime, autant le reste...

B.G. : Le reste, y compris la déchéance de nationalité ?

M.R. : En moyenne, on est à moins d'une déchéance de nationalité par an, depuis deux décennies, au titre de l'espionnage, de la haute trahison ou du terrorisme. Si on élargit les motifs selon les critères du discours de Grenoble, à combien passera-t-on ? Deux ? Trois ? Ce n'est même pas certain... Alors foutez-nous la paix ! Qu'est-ce que ça veut dire pour la sécurité d'une population de quartier, ses relations avec le commissariat de police et les petits truands locaux ? Rien. On est dans un discours à usage exclusivement médiatique et ce n'est pas très supportable.

B.G. : Quand vous dites : « Foutez-nous la paix ! », c'est au président de la République que vous vous adressez ou à ceux qui dénoncent sa volonté d'introduire une inégalité entre Français ?

M.R. : À lui et aux autres à la fois.

A.J. : Ce que j'ai dit, moi, au président de la République, c'est : « Ça n'apporte rien de plus. » Si nous avions continué à faire vis-à-vis des Roms, quand ils violent nos lois, ce que nous faisions avant et que font beaucoup d'autres gouvernements européens, personne n'aurait crié au scandale.

M.R. : C'est aussi mon sentiment mais c'est plutôt de cette idée de sanctionner les parents d'enfants délinquants que je m'inquiète car il y en a des quantités, des dizaines de milliers, et ce n'est plus du tout la même chose. Alors, parlons du fond. En pourcentage de la population concernée, le taux de délinquance des immigrés et de leurs enfants est supérieur à celui de la moyenne nationale. Cela ne tient bien sûr pas à des raisons ethniques mais à des conditions sociales, chômage, habitat et ghettoïsation. C'est le premier point. Le deuxième est que les enfants de l'immigration nés en France sont français, n'ont plus de relais étrangers et ne parlent même plus la langue de leurs parents ou grands-parents. Ils sont nos concitoyens et ne doivent ni ne peuvent être traités autrement. Le troisième point est que les maires comme les flics savent pertinemment que les opérations coup de poing n'ont jamais rien produit. Tous savent que le traitement de la délinquance n'est à peu près efficace que lorsqu'il est nominal, personnel et suivi. Ça s'appelle la police de proximité et ça marche.

Quatrième point, les expulsions sont horriblement difficiles à organiser, même quand elles sont justifiées et imposées par la défense de l'ordre public. Je l'ai découvert en tant que Premier ministre. Les pilotes d'Air France sont très réticents. Les charters n'ont rien de sympathique. On ne sait souvent pas de quel pays sont originaires les personnes à expulser et on ne peut donc pas savoir vers où les renvoyer. La plupart des pays d'origine, enfin, ne veulent surtout pas les revoir.

Cinquième point, la lutte contre l'immigration illégale, aussi nécessaire qu'elle soit, a des retombées perverses extrêmement graves pour nos intérêts nationaux et je vous en donne un exemple, vécu, celui de mon ami Alpha Oumar Konaré, qui m'avait dit un jour avant de devenir président du Mali : « Michel, je viens de prendre une décision grave. J'envoie mes enfants étudier aux États-Unis car, entre vos histoires de visas et vos contrôles aux faciès, ils seront plus tranquilles là-bas. » Résultat : ces jeunes gens, qui auraient dû être porteurs de notre culture et vecteurs de notre influence internationale, parleront anglais, seront de culture américaine, et c'est autant de perdu pour la France.

Alors ? Alors, pris entre ces contradictions, nous faisons tous à peu près la même chose, avec des différences marginales. Nous sommes loin d'expulser tous ceux qui devraient l'être, loin de délivrer autant de visas d'étudiants que nos intérêts nous le commanderaient et loin, surtout, de faire et pouvoir faire les efforts d'intégration que la situation demanderait. Le problème est tout sauf simple à résoudre et je ne pardonne pas à Georges Pompidou de l'avoir créé en ouvrant les vannes de l'immigration sans se soucier ni de l'organiser ni d'intégrer cette main-d'œuvre bon marché et essentiellement masculine, célibataire, sans famille, que la France faisait venir pour les besoins de ses industries automobile et sidérurgique qui ont été ainsi dispensées des investissements de mécanisation qu'elles auraient dû faire pour soutenir la concurrence. On a fait venir 3 millions et demi de gens d'un coup, sans s'occuper de les loger, de les alphabétiser, de leur apprendre le français, et nous en payons le prix.

Nous sommes maintenant très coincés mais la certitude est que la délinquance est à traitement lent, qu'elle requiert de la patience, de l'individualisation, et qu'un maire doit recommencer le travail à chaque changement de commissaire de police. Un soir, je sors de ma mairie vers 23 heures, avec trois ou quatre dossiers sous le bras, et tombe sur la police de mon commissariat, la police nationale. Eux ne me voient pas. Je me planque, j'observe et suis témoin de ce qui est manifestement un contrôle au faciès. Je ne vous raconte pas ce qui s'est passé le lendemain matin mais je n'en ai plus jamais eu dans ma commune et j'ai donc eu la paix car le contrôle au faciès non seulement ne sert à rien mais ne fait que susciter colère, humiliation, sentiment d'exclusion et désir de vengeance.

Dix-huit ans durant, j'ai été maire de Conflans. Je n'ai jamais raté une réunion de quartier sur un cambriolage ou un assaut et je sais qu'il y a des maniements de la police qui créent la délinquance. La phrase d'Alain – « Les maires savent et sont tous d'accord » – a coulé comme du miel à mon oreille. Ils sont, tous, tellement d'accord que M. Sarkozy et surtout M. Hortefeux devraient ressortir, lire et republier le rapport de la Commission des maires de villes grandes et moyennes. Ce rapport date de 1982. Il a été élaboré par près d'une quarantaine d'élus d'absolument toute tendance. Il a été unanimement approuvé et que dit-il ?

Il dit que, lorsque la police, après une longue traque, arrête des délinquants, qu'un juge les libère l'après-midi même et qu'ils viennent aussitôt la ramener dans le quartier, on perd énormément. Je respecte l'indépendance de la Justice qui a ses raisons mais c'est vrai. Ce rapport dit ensuite que l'essentiel, c'est la prévention et le suivi des post-délinquants, qu'on ne sait pas faire cela autrement qu'avec la police de proximité et que toute mise en scène de l'effort de sécurité est dangereuse. Les Minguettes avaient été, il y a une quinzaine d'années, une cité particulièrement problématique. Grâce à un investissement sociologique, politique, administratif, humain, policier, les Minguettes se calment mais, quelque huit ou dix ans plus tard, une équipe de télévision y retourne pour faire le bilan et hop ! Caillassage...

Dès qu'il y a médiatisation, il y a risque d'aggravation car nous sommes face à de jeunes délinquants qui ont des problèmes identitaires et dont la seule identité évidente est, pour eux, de passer à la télévision parce qu'ils en ont fait plus que d'autres. Il faut décourager ça et en revenir à la police de proximité dont je ne comprends pas la suppression, qui est la condition nécessaire sans laquelle rien ne marche mais pas un substitut à la répression qu'il faut, parallèlement, mener sans faiblir à la seule condition qu'elle soit juste, équitable et raisonnable.

A.J. : J'ai vécu des expériences analogues aux vôtres. J'étais un jour dans un avion me ramenant d'Afrique. Mon voisin se présente, me dit qu'il est le maire de Ndjamena, que son père est un ancien combattant français, qu'il voulait envoyer ses enfants faire leurs études universitaires en France mais que, faute de visas, ils iraient aux États-Unis...

M.R. : ... C'est complètement tragique.

A.J. : Bien sûr, nous en sommes d'accord, et deux expériences, maintenant, d'élu local qui rejoignent la vôtre. Lorsque je suis élu en 1983, dans le XVIIIe arrondissement de Paris où j'ai battu Lionel Jospin, Bertrand Delanoë et Daniel Vaillant, tous les éléments d'une explosion urbaine dans le quartier de la Goutte d'Or sont réunis. Il y a 54 nationalités différentes, la drogue, le marché aux voleurs, un tissu urbain délabré… Tout y est. Durant mes douze années de mandat, on a fait un fantastique effort, d'abord de dialogue avec les populations mais aussi d'investissement. La ville de Paris et tous les gouvernements successifs ont mis beaucoup d'argent pour réhabiliter les logements, créer des espaces verts, une crèche, des écoles et des équipements sportifs et, bon, je ne dirais pas que la Goutte d'Or soit devenue un paradis mais la sécurité s'y est beaucoup améliorée car le travail de prévention et de réinsertion a été efficace. Tout cela a payé et j'ai vécu un très beau moment quand, cinq ou six ans plus tard, revenant à la Maison des associations que j'avais créée et qui était alors pilotée par un socialiste, l'un de mes adversaires politiques, je l'entends dire : « Si la Goutte d'Or n'a pas explosé, nous le devons à Alain Juppé, aux heures et aux heures, y compris nocturnes, qu'il a passées en concertation avec les associations de toutes sensibilités, notamment les associations de femmes algériennes, marocaines, etc. »

Deuxième exemple : Bordeaux. Là aussi je rejoins Michel quand il dit qu'il faut recommencer le travail à chaque nouveau commissaire. J'étais, l'autre jour, au pot donné pour le départ du directeur de la sécurité publique et l'arrivée du nouveau. Le directeur partant a dressé son bilan : une amélioration spectaculaire de la sécurité dans la circonscription de police de l'agglomération, et pas uniquement à cause d'une politique répressive. Nous avions deux communes, Cenon et Lormont, où tout était réuni pour que cela explose : 70 % de logement social, des tours, des barres, l'urbanisme des années 1970. Que faire ? Premier acte, j'ai voulu que le tramway les relie au centre-ville de Bordeaux au lieu de les laisser coupées de tout. Réaction de quelques bourgeois bordelais : Juppé va nous amener les hordes de banlieues. On l'a fait, et ça se passe très bien. Deuxième acte, l'Agence nationale de rénovation urbaine, l'ANRU, a consacré des dizaines de millions d'euros à casser les tours et les barres et reconstruire des logements à taille humaine. Troisième acte, mon gouvernement a créé des zones franches urbaines dont l'une était à cheval sur ces deux communes socialistes et une partie de la ville de Bordeaux. Ça a très bien marché et aujourd'hui les maires de Cenon et de Lormont me disent que, grâce à notre bonne entente, ces quartiers ont échappé au sort qu'ont connu, par exemple, les Minguettes.

Il y a beaucoup à faire. Nous ne sommes pas en guerre mais face à un vrai défi qui demande intelligence, suivi et persévérance et face auquel on peut arriver à des résultats à condition de ne jamais oublier de mener de pair la prévention, la répression et la réinsertion, trois outils d'égale importance. Il n'est pas vrai qu'on ne s'occupe, en France, que de la répression. C'est une simplification abusive car, sous tous les gouvernements, droite comprise, on a beaucoup fait pour la prévention. La critique qui a été faite à la police de proximité telle qu'elle avait été mise en œuvre sous le gouvernement Jospin était moins de principe que de méthode. Les jeunes policiers qui en étaient chargés étaient mal formés, mal encadrés et elle a mal fonctionné pour ces raisons.

M.R. : Mieux valait corriger que supprimer.

A.J. : Oui, mais on est en train de corriger. On crée aujourd'hui ces unités territoriales de quartier qui sont de la police de proximité. Les pouvoirs de coordination des maires ont été accrus. Nous ne sommes pas dans ce tout sécuritaire qu'on dénonce à tout bout de champ. Ce n'est pas vrai. C'est une caricature qui est en partie due à ceux qui hypermédiatisent le problème mais, la politique de sécurité telle qu'elle est menée, dans sa complexité, j'y adhère dès lors qu'elle est un instrument d'amélioration de la qualité de vie des gens et pas une instrumentalisation politique destinée à piper des voix.

M.R. : Vous n'êtes pas sans noter, Bernard, que nous avons un accord intellectuel assez profond sur la manière de traiter le problème mais j'insisterai sur trois points. Le premier est que l'appareil de sanction déjà défini par le code pénal est largement suffisant et qu'il est totalement inefficace de le durcir. Le deuxième est que l'obsession du chiffre est toxique, qu'il ne s'agit pas d'aligner des statistiques sur le nombre d'expulsions ou d'infractions repérées car c'est le traitement au cas par cas et la vision à long terme qui sont les conditions du succès. Et le troisième est que la presse n'aide pas car la classe journalistique n'admet pas que ce qui est décisif, c'est le traitement local, la prévention et le suivi des familles à délinquance.

B.G. : Beaucoup de journaux ne disent que cela.

A.J. : Si je commence, à la radio ou à la télévision, un topo comme celui que je viens de faire, on me coupera au bout de deux minutes.

M.R. : Ma remarque visait plutôt les images que les textes.

B.G. : Je vous rappelle, à tous les deux, que ces images sont le plus souvent suscitées par le pouvoir politique.

A.J. : Oui, les hommes politiques ont une part de responsabilité mais il arrive, que je sache, que des chaînes de télévision s'autosaisissent de ces sujets. Vous en avez déjà vu le faire sur une politique de la ville réussie, dans un quartier d'une ville sereine ? Jamais, mais bon... À ce point, je dois vous retourner, Michel, la question que m'avait posée Bernard Guetta. Je dois bien finir par vous demander pourquoi vous n'êtes pas de droite car enfin la deuxième gauche a contribué à une certaine époque, à la vôtre en tout cas, à réhabiliter l'entreprise et l'économie de marché...

M.R. : ... Absolument. On avait même bien bossé.

A.J. : ... Elle a également combattu les excès d'intervention de l'État dont vous vous êtes encore démarqué à l'instant. Donc, en mettant de côté l'histoire et les réseaux de l'Internationale socialiste, pourquoi n'êtes-vous pas de droite, du moins de la droite dans laquelle je me situe ?

M.R. : Deux réponses. La première est qu'il n'y avait pas de raison que perdure longtemps cette situation d'exception que de Gaulle avait créée en laissant à la France une droite plus raisonnable, plus étatique et plus régulatrice, moins dangereuse pour nos propres convictions que partout ailleurs en Europe. Ce n'était pas culturellement acceptable pour une large partie de l'électorat de droite. Il fallait bien faire place aux héritiers de Vichy, aux réactionnaires et aux traditionalistes, à la droite rurale ou provinciale et, surtout, à celle qui n'admettait pas la régulation et s'inscrivait dans ce courant du marché roi qui allait l'emporter, internationalement, à partir des années 1980.

Nous ne nous étions pas trompés. Sitôt de Gaulle disparu, c'est ce qui s'est passé. La droite n'a alors plus cessé de s'éloigner du gaullisme en se recomposant et intégrant les autres droites, et notre boulot n'était pas d'aller tenter d'aider les gaullistes sociaux à ne pas devenir toujours plus minoritaires dans leur camp. Notre boulot, deuxième réponse, c'était la bataille à mener pour que la gauche revienne à Jaurès, qu'elle sorte de ses discours impossibles et de ses échecs, qu'elle bâtisse sur les legs éblouissants de Blum et de Mendès, sur ses vrais succès nationaux qui sont ceux de la deuxième gauche, car l'espoir, tout de même, le courant pertinent, le courant adapté à la situation de nos pays, le courant prêt à construire l'Europe et à faire un travail international avec tous nos copains sur la même longueur d'onde, c'était nous ! Ce n'était pas la droite.

B.G. : Bien… Chacun dans son camp, donc, pour les faire évoluer dites-vous l'un et l'autre, mais les faire évoluer vers quoi ?

A.J. : Je sens que Michel brûle de vous répondre…

M.R. : Je ne peux pas mieux le faire qu'en analysant les causes de la crise financière dans laquelle nous sommes entrés et dont nous ne sortirons pas avant longtemps. L'immoralité générale acceptée par la profession bancaire a été le plus récent facteur, une immoralité qui commence avec les *subprimes*, prêts consentis à des taux faramineux à des gens qui n'avaient pas les moyens de les rembourser mais que les banques comptaient récupérer grâce à beaucoup d'expulsions et à une hausse continue des prix immobiliers qui a, bien sûr, fini par s'enrayer et faire voler ces calculs en éclats.

Les banques américaines se sont alors aperçues qu'elles avaient toutes des créances pourries mais leur réaction n'a pas été de les provisionner et d'avertir leurs autorités de tutelle. Elles les ont « titrisées », planquées dans des paquets de titres qui les regroupaient avec quelques créances saines, et les ont vendues au monde entier avant de réaliser que, dès lors qu'elles avaient toutes ou presque des titres pourris chez elles, elles n'étaient plus à même de juger de la fiabilité de leurs partenaires. C'est ainsi que s'est cassé ce mouvement immense et permanent des crédits interbancaires, une dizaine de milliards de dollars par jour, que plusieurs d'entre elles se sont trouvées au bord de la faillite dans laquelle était tombé Lehman Brothers et que les pouvoirs publics ont dû les sauver sous peine de laisser s'écrouler d'un coup toute l'économie mondiale. La première explication de cette crise est donc la cupidité, cette course effrénée aux geysers à fric, que la gauche doit dénoncer et contrecarrer, au nom de la morale et du bien commun.

Sa deuxième explication, toujours bancaire, est le vertigineux mouvement d'augmentation du prix des matières premières entre 2000 et 2006. Dans cette période, les prix du pétrole ont quadruplé et, pire encore, les produits agricoles, blé, maïs, soja, riz, lait (c'est sur le lait que ça s'est joué), sont devenus objets du jeu des produits dérivés, machine infernale dont on ne peut pas comprendre le fonctionnement – je n'y peux rien – sans un détour historique.

En 1971, un jeune conseiller a gagné une bataille dans le cabinet de son président. Le président, c'était Richard Nixon. Le conseiller, c'était Dick Cheney, déjà toxique bien avant de devenir le vice-président de George Bush, et la bataille qu'il a gagnée a été l'abandon de la parité fixe entre le dollar et l'or, d'un système auquel avaient largement tenu les trente glorieuses, leur plein emploi et leur croissance régulière, 5 % dans tous les pays développés. Devant les dramatiques déficits que leur avait occasionnés le cumul de programmes sociaux mal financés et de la guerre du Vietnam, les États-Unis ont préféré casser ce système plutôt que de mettre de l'ordre dans leurs finances. Ils ont renvoyé le monde aux changes volatils et flexibles, et le désordre commence là car, lorsqu'il n'y a plus de changes fixes, les prix deviennent imprévisibles. Ils peuvent doubler d'un jour à l'autre. Il n'y a plus de commerce possible et les fabricants se sont donc tournés vers les banques et les compagnies d'assurances pour qu'elles leur inventent une combine qui les sorte de là. Avec un glorieux apport de la science française, la mathématique financière invente donc des contrats connexes aux contrats sur marchandise qui sont des contrats d'assurance-prix pour une date déterminée.

C'est ce qu'on appellera les produits dérivés qui n'étaient pas criminels en eux-mêmes mais qui le deviennent lorsqu'on trouve astucieux, juteux, rigolo, de séparer ces contrats annexes des contrats principaux et d'en faire un marché qui sera le commencement d'une évolution complètement stupéfiante. Non seulement c'est ainsi qu'on est passé, en 2006, aux 120 dollars financiers pour un dollar commercial, mais l'unité de compte devient le « T », le trillion de dollars, le millier de milliards de dollars. En 2008, la Réserve fédérale a estimé à 39 000 milliards de dollars le montant total (ménages, entreprises, administrations et puissances publiques) des dettes américaines non financées.

On peut nourrir les plus grands doutes sur les possibilités de remboursement de ces 39 « T » mais ils font l'objet de transactions quotidiennes et fournissent les liquidités nécessaires au marché des produits dérivés, celui-là même auquel on doit l'envolée des matières premières et la remontée du chômage. C'est pour ça que, lorsque le monde bancaire continue à demander les mêmes privilèges qu'avant, j'ai une petite tendance à sortir mon flingue ou à trouver, au moins, qu'on est aux limites du crime contre l'humanité et que tout cela devrait normalement finir devant des tribunaux.

On est toujours et encore devant l'empire et les méfaits de la cupidité, et cette cupidité est devenue un rouage essentiel non seulement de nos économies mais aussi de nos sociétés car on est passé à un paradigme différent grâce au fait que des professions entières ont profité de ces dérives financières. Entre les avocats spécialisés dans la « fusion-acquisition », les personnels de direction des banques, tous les boursicoteurs malins qui ont joué à temps sur ces marchés, cela fait plusieurs dizaines de millions de personnes de par le monde, et de gens qui pèsent. Pendant quelque deux siècles, le pacte électoral des sociétés capitalistes avait été : votez capitaliste, vous serez débarrassés de toutes les entraves que les partageux veulent mettre à vos libertés et vous aurez des chances raisonnables d'arriver à l'aisance par le travail. Aujourd'hui – et là le système ne tient plus – c'est : votez capitaliste et, non seulement vous continuerez de barrer la route aux rouges, mais vous pourrez, en plus, faire fortune grâce aux marchés financiers.

Ça séduit. Ça détermine beaucoup de votes et de financements de partis. Cette illusion a ébranlé les échiquiers politiques et créé, en même temps, des bulles financières dont le choc est toujours plus énorme mais ce n'est ni tout ni l'essentiel.

La plus grave cause de cette crise est que les actionnaires – détenteurs de gros capitaux, banques et gérants des fonds qui drainent l'épargne – ont réussi à changer le comportement des conseils d'administration. Fonds de pensions, fonds d'investissements, fonds d'arbitrage, ils se sont si bien organisés qu'ils ont imposé des politiques d'entreprise visant à leur assurer des taux de profit à deux chiffres en réduisant systématiquement les effectifs et organisant une précarité du travail qui permet à la fois d'exercer une pression sur les salaires et d'affaiblir les syndicats pour qu'ils ne puissent plus défendre les salariés. Le résultat est que nous avons désormais, dans tous les pays développés, quelque 25 % de nos populations qui sont déstabilisées, au chômage ou dans des emplois si précaires et mal payés qu'elles n'ont pas de visibilité et ne peuvent pas construire leur vie en investissant.

Une troisième catégorie est même apparue, qui n'existait pas dans les années 1970 dans les pays développés : les pauvres, adultes et valides, exclus du marché du travail. Nous sommes passés d'une longue période de plein emploi et de politiques salariales visant à soutenir la consommation en développant le pouvoir d'achat à une période – maintenant tout aussi longue puisque tout cela remonte au début des années 1980 – où priorité a été si bien donnée aux actionnaires que la part de la masse salariale dans les PIB des États-Unis, de l'Allemagne ou de la France est passée d'un peu plus de 70 % à un peu moins de 60 %.

Les actionnaires se vengent d'un après-guerre où leur argent, c'est vrai, leur rapportait peu puisqu'ils avaient été les victimes des trente glorieuses mais le bâton a été tellement tordu dans l'autre sens que l'insuffisance de croissance du pouvoir d'achat se traduit par l'insuffisance de croissance de la consommation et donc de croissance tout court. La cupidité et le court-termisme des détenteurs de capitaux se retournent contre eux après avoir frappé les salariés. La fascination de l'argent nous a maintenant tous affaiblis, salariés, États, entreprises et, par voie de conséquence, actionnaires eux-mêmes car dès lors que la croissance est anémique leur retour sur investissement diminue.

B.G. : Toutes les gauches, pas seulement elles d'ailleurs, pourraient souscrire à ce que vous dites là. Où est la direction que vous voudriez, vous, faire prendre à votre camp ?

M.R. : La gauche s'est laissé contaminer par ce mercantilisme. Quand elle ne les reprend pas ouvertement à son compte, elle ne conteste plus ces logiques qu'en mots...

B.G. : ... Vous qui reprochez à la gauche française de ne pas complètement accepter l'économie de marché et de ne pas fonder son action sur le compromis permanent, vous la voudriez, maintenant, plus à gauche ? Vous lui reprochez de ne pas l'être assez ?

M.R. : « Maintenant » ? Pourquoi dites-vous « maintenant » ? Il y a quarante ans que je suis sur cette ligne-là, que je défends l'économie sociale et la réduction du temps de travail, que je me bats contre la marchandisation de tout et pour un peu de démocratie dans l'appareil de production, contre la financiarisation de l'économie, pour la régulation du marché, pour plus de temps libre et pour une diminution des pressions concurrentielles...

B.G. : Vous voudriez, autrement dit, ramener la gauche à ses origines ? À plus d'utopie sociale ?

M.R. : « À ses origines » ? Elles sont si complexes et diverses que le mot est bizarre mais n'ouvrons pas ce débat... La priorité, avant même ce que vous appelez « utopie » et que j'appelle moi, nécessité, est d'en finir avec l'idée qu'on pourrait évoluer par sauts brutaux et révolutions. La révolution a fini par imposer la démocratie. Il lui a fallu un siècle pour y parvenir car une révolution est un tel traumatisme national qu'on en paie longtemps la note mais c'est fait. Nous sommes en démocratie. Bonnes ou mauvaises, les mesures adoptées sont toutes votées. On ne tue pas l'autre quand on a gagné. La victoire électorale ne signifie pas que l'autre n'est plus là. Il est dans l'opposition, reviendra un jour au pouvoir et il ne s'agit donc pas seulement d'imposer des mesures, mais d'agir dans des conditions psychologiques telles qu'on ne casse pas le consensus social et qu'on avance, en tout cas, que par des mesures partielles et démocratiquement adoptées puisque les tentatives violentes ne marchent plus.

Toutes ces évidences imprègnent nos tactiques au jour le jour mais elles ne sont pas intellectuellement admises et le vocabulaire politique reste démentiellement conflictuel. On peut trouver radicale la critique que je viens de faire du capitalisme à la Milton Friedman mais, pour peu qu'on arrive à être convaincant, les réglementations bancaires et financières qu'il s'agit aujourd'hui de mettre en œuvre, on les fera adopter, pas à pas, avec tous ceux dont elles ne contrecarreront pas directement les intérêts réels ou supposés, avec tous ceux qui ne sont pas englués dans l'idée de faire fortune tout de suite, c'est-à-dire avec l'essentiel de la population, électeurs de l'UMP compris.

Et puis, deuxième priorité, il faut faire admettre à la gauche que le changement social ne peut pas passer que par l'appareil de l'État et la loi, qu'il est profondément à base de société civile et de négociations contractuelles, d'organisation des citoyens et de compromis par lesquels on puisse avancer en étant compris et suivi par de vraies majorités actives qui contribuent à la définition d'un projet, se l'approprient et l'inscrivent dans le tissu national. En un mot, il faut faire de la gauche française une social-démocratie dont l'émergence doit passer par l'unité syndicale. Ce sont là les conditions d'une évolution sociale. C'est à ces conditions-là qu'on pourra vraiment lutter contre la marchandisation de toutes les activités, pour la réglementation des marchés et la réduction du temps de travail sur laquelle j'aimerais dire un mot. Je peux ?

B.G. : Je crois que c'est au tour d'Alain Juppé de dire vers quoi il voudrait faire évoluer son camp.

A.J. : Ma réponse sera beaucoup plus succincte. Faire évoluer…

M.R. : … Donnez-moi encore une minute, sur la marchandisation qui est vraiment la clé de tout. Un exemple, un seul : le sport, la pratique sportive. Vous êtes maire, je suis maire et, comme tous les maires, on nous demande une multiplicité de petites installations sportives de quartier où les gens puissent aller s'exercer et se maintenir en forme. C'est formidable. Ce n'est pas bien cher. Cela contribue à la santé publique, à l'équilibre individuel et, également, à la paix d'une ville, à sa sécurité si vous voulez, mais le problème est que l'engouement pour le sport a été détourné vers le spectacle sportif qui, lui, fait tourner beaucoup d'argent, suscite des profits et des revenus obscènes qui contribuent si fortement à l'illusion de la fortune immédiate mais n'a en revanche aucune des vertus de la pratique sportive.

On a fait du sport une marchandise, on l'a marchandisé, et il n'y a pas que le sport. Il y a aussi la culture ou l'éducation. Nous vivons ce phénomène de la marchandisation de tout contre lequel la gauche devrait être mobilisée tout entière. Ce devrait être un combat essentiel de la gauche, l'un de ses grands thèmes mais... Ce n'est pas le cas. La gauche ne se bat pas là-dessus, pas assez en tout cas, car elle ne sait pas critiquer le capitalisme. Au nom d'une abstraction rêvée, d'une sorte d'économie administrée, elle dénonce l'économie de marché à laquelle elle est pourtant ralliée dans les faits mais elle oublie d'être compétente sur le fonctionnement du capitalisme. Elle ne sait donc pas en faire une critique que tout justifie aujourd'hui et qu'il ne serait guère difficile de faire partager par de grandes majorités car à peu près personne n'aime ce capitalisme financier, cet empire de l'argent-roi dans lequel la dignité d'un homme, ou d'une femme, d'une personne humaine, ne vaut que pour sa valeur en capital ou en gain. Pardon ! À vous, Alain...

A.J. : Vous dites : « Moins de lois, plus de dialogue » mais je serais tenté d'ajouter : « Moins de marché, plus de régulations »...

M.R. : ... On est compatible.

A.J. : ... Car, dans mon camp, au sein de la mouvance gaulliste puis de la majorité élargie, mon premier grand débat a été de savoir jusqu'où il fallait pousser la libéralisation. Est-ce qu'on pouvait accepter d'aller plus loin sur cette voie ? De prendre les choses comme elles s'installaient, aux États-Unis et en Grande-Bretagne, depuis les années 1980 ? Je le pensais si peu qu'on en est venu à m'identifier à la résurgence d'un gaullisme colbertiste alors que j'avais seulement essayé de montrer que le fanatisme du marché n'apportait pas de réponse à tout et nous entraînait vers des dérives tout à fait préjudiciables. La crise a clos le débat. Cette bataille-là est gagnée. Mon parti a complètement admis, aujourd'hui, qu'il fallait des régulations et que le libéralisme pur et dur n'était peut-être pas le nec plus ultra de la pensée économique de droite mais on revient de loin car il y eut un moment où cette tentation a été forte. Puisque Michel parlait tout à l'heure de l'éducation, je me souviens très bien d'un débat, plutôt tendu, que nous avions eu sur le « chèque éducation », sur la possibilité d'aller au bout de la logique du libéralisme et des privatisation en donnant aux Français un chèque pour la scolarité de leurs enfants, les laissant se débrouiller avec un marché de l'enseignement régi par la loi de l'offre et de la demande. Bien entendu, je n'étais pas du tout sur cette ligne-là...

B.G. : C'était quand vous étiez Premier ministre ?

A.J. : Non, avant. Dans la période 1981-1986...

B.G. : ... Dans la période thatchérienne de Jacques Chirac ?

A.J. : A-t-il jamais été thatchérien ? Parmi nous, il y avait alors une réaction à la nationalisation généralisée de tout le système bancaire et, pourquoi pas, de tout le système productif français, à toutes ces... Disons à toutes ces absurdités des amis de Michel. À ce moment-là, la tentation du thatchérisme a été très forte dans ma famille politique mais cette sensibilité n'était pas la mienne et j'ai essayé de tirer vers une approche moins ultralibérale. J'ai également essayé de convaincre mes amis que nous ne devions pas laisser dire que seule la gauche aurait été porteuse des avancées sociales dans notre pays depuis un demi-siècle, que ce n'était pas vrai et que nous devions nous débarrasser de cette tunique de Nessus, ne pas nous laisser enfermer dans cette schématisation et donner à notre projet politique une dimension de solidarité, de générosité, d'attention aux plus pauvres et aux plus précaires sans laquelle il n'y a pas de société qui fonctionne.

B.G. : Et vous aviez du mal à les en convaincre ?

A.J. : Il y avait un double obstacle : les ultralibéraux bien sûr l'idéologie du marché qui réglera tout, mais également un certain égoïsme de classe qui existait, oui, dans une partie de l'establishment de droite.

B.G. : Il n'existe plus ?

A.J. : Il a existé et, peut-être, existe-t-il un peu moins. La crise est passée par là mais, pour ma part, j'ai toujours été de cette sensibilité du gaullisme social qui est aujourd'hui le segment sur lequel essaient de se retrouver ceux qui ne sont pas à l'aise dans le raidissement à droite d'une partie des sarkozystes…

B.G. : … Vous n'êtes pas à l'aise dans le sarkozysme ?

A.J. : Question complexe. Quand vous regardez les grands choix qui ont été faits sur les grands sujets depuis 2007, ils ont été plutôt bons. Face à la crise, la France a bien réagi et on le doit en grande partie à cette capacité qu'a Nicolas Sarkozy de bien tenir la barre dans la tourmente, de bien sentir les choses, de bien fixer le cap. Sa réaction a été bonne, à la fois sur le plan international, dans les réunions du G8 et du G20, et dans l'Union européenne où, malgré les tergiversations et les lenteurs propres aux procédures bruxelloises, il est parvenu à ce qu'il y ait une bonne coordination entre les 27. Qu'il s'agisse du sauvetage du système bancaire ou du plan de relance qui a été bien calibré, la réponse a été bonne, en particulier en France, et notre pays a connu une récession plus faible que la plupart de ses partenaires. La France ne s'en est pas trop mal tirée. Si l'on embrasse le chemin parcouru, on peut aussi mettre au crédit du Président et du gouvernement la profonde transformation de l'enseignement supérieur et, ne l'oublions pas, le Grenelle de l'environnement qui n'a peut-être pas tenu toutes ses promesses mais qui a permis des avancées majeures. Il y aurait donc une certaine injustice à jeter, aujourd'hui, le bébé avec l'eau du bain. Pour le reste, c'est une question d'attitude, de comportement...

B.G. : Le sous-entendu ne suffit pas.

A.J. : OK ! Parlons de Nicolas Sarkozy. Faut-il vraiment insister sur nos différences de tempérament et de comportement ? Chacun peut s'en faire une idée. Je n'ai jamais été sarkolâtre. Nous avons des différences dans nos façons de voir la vie. Le modèle américain de réussite matérielle me fascine moins qu'il ne semble l'attirer. Et puis il y a sa façon de gouverner, de ramener à lui toutes les décisions, d'être en permanence en première ligne – bref, ce qu'on a appelé « l'hyper-présidence ». Je pense qu'il s'expose trop. Je le lui ai dit. C'est en cela que j'ai souhaité un changement de méthode mais, pour revenir à l'homme, je le connais depuis très longtemps. Je connais ses qualités et ses défauts comme il connaît les miens. Nous avons forgé des liens d'amitié... qui n'excluent pas la vigilance, une vigilance nécessaire car dans le tête-à-tête son pouvoir de séduction est redoutable. Je crois vous avoir répondu mais, quoi qu'il en soit, la sarkophobie ambiante se discrédite par ses propres excès. Au moment du bilan, il aura des choses à dire !

B.G. : Et vous, Michel Rocard, quel bilan tirez-vous des premières années sarkozystes ?

M.R. : Ce n'est pas commode...

A.J. : C'est, quand même, plus facile pour vous que pour moi !

M.R. : Non, car je n'ai pas les simplifications de la haine dans mes outils de travail... J'ai envie, moi, de parler d'un grand gâchis... Pour vous répondre de manière aussi personnelle que vous nous interrogez, j'ai voté Ségolène Royal avec, au cœur, la terreur qu'elle gagne car j'ai tendance à l'instant du vote à m'inscrire dans la petite élite, celle des salauds, des cassandres, des fous qui considéraient que nous étions dans un moment de basculement du monde, dans une vraie crise et qu'elle était beaucoup plus grave que l'on ne le percevait généralement. D'où ma terreur et un aveu que je dois : j'ai vécu le G20 en me disant : « Grand Dieu, si c'était Ségolène qui conduisait les affaires de la France !... » et vous me permettrez, je pense, de ne pas terminer la phrase. J'avais pourtant voté pour elle pour deux raisons. La première est que je connaissais personnellement M. Sarkozy et que ses antécédents politiques ne me laissaient pas aisément pronostiquer ses réactions à une crise mondiale que j'avais annoncée, dès 2007, dans *Le Nouvel Observateur*. La seconde est que je voulais rester fidèle à mon camp, la social-démocratie, afin de mériter le droit de continuer à lui parler en en étant entendu parce qu'il y aurait d'autres étapes.

C'est une affaire de confiance collective. Ma femme a voté Sarkozy, moi pas, mais j'ai été séduit par un culot réformateur parce que la France est un pays très difficile, sans dialogue social, pas du tout impossible mais difficile à réformer, et que j'ai vécu sous

Mitterrand dont je suis, après tout, l'une des créatures. Mes victoires électorales, municipales et législatives, se sont inscrites dans sa trajectoire. J'aurais également été élu, en 1981, si j'avais été le candidat mais, comme c'est lui qui l'a été, c'est à lui qu'on doit les enthousiasmes, les confiances, la légitimité. Je suis un enfant de Mitterrand, d'un homme d'une immense culture juridique et historique mais qui n'avait tout simplement pas le début du commencement des moyens de comprendre comment réformer des choses lourdes. L'antagonisme est là...

B.G. : L'antagonisme entre qui et qui ?

M.R. : Entre Mitterrand et moi. Je suis en train de vous dire ce que c'est que ma découverte d'un vrai réformateur. J'étais en train de vous expliquer en quoi Mitterrand, finalement, ne l'était pas et Alain me pardonnera d'ajouter que Chirac ne l'était pas beaucoup plus. Le bilan de Chirac est honnête en politique étrangère. En audace réformatrice interne...

A.J. : ... Ça se discute.

M.R. : Ça se discute mais, enfin, nous avions pris du retard sur un certain nombre de problèmes et j'avoue que, moi, Sarkozy m'a séduit par son culot.

B.G. : Il vous a séduit quand ? Au moment de sa campagne ou de la crise ?

M.R. : De la crise.

B.G. : Et pas au moment de la campagne ?

M.R. : Non. De bons éléments de communication vous font raconter n'importe quoi. Souvenons-nous de la fracture sociale... C'est face à la crise que son audace me séduit.

A.J. : C'est un point commun.

M.R. : C'est tout à fait majeur… Là, quand même, il a réagi en grand bonhomme car cette crise, ce n'était pas seulement un épisode que chacun pouvait déplorer. C'était le logiciel du capitalisme des pays développés qui rendait l'âme et qu'est-ce que cet avocat, si peu frotté d'économie réelle, pouvait y comprendre ? Il pouvait, comme chacun, s'alarmer du chômage et s'inquiéter des conséquences de la chute de Lehman Brothers mais comprendre que c'était tout un système d'organisation financière qui s'effondrait ?

Il n'était pas évident qu'il le fasse. Ce n'était pas donné à tous. Ça lui était d'autant moins donné que toute son ascension politique s'était faite dans la mise en cause du colbertisme et de l'État, dans la montée en puissance des théories de Milton Friedman, celles-là mêmes qui nous avaient menés à la catastrophe, et que ce que Nicolas Sarkozy avait appris d'économie, il le tenait d'Alain Madelin, de l'avocat français de ces théories. Or il n'a mis que quinze jours à peine non seulement à comprendre que les paradigmes qu'on lui avait mis en tête étaient morts, que l'on était parti pour autre chose, mais à le dire aussi.

J'en ai été stupéfait et, quand la crise bancaire explose, le langage du président Sarkozy est plus concrètement et précisément adapté à l'ampleur du phénomène que ne l'est, alors, tout le patois de la direction de mon propre parti. J'ai pris ça comme un signe et j'ai également estimé que Sarkozy tapait fort et assez juste sur la question de l'amélioration de notre organisation territoriale et la décentralisation. Je ne suis pas certain que les paris finaux soient les bons, pas sûr que ça marche si bien, mais il y avait une volonté de s'attaquer au problème et tout cela m'a conduit à me dire qu'il y avait des cartes à jouer que j'aurais aimé que mon parti joue, par le dialogue parlementaire, car c'est comme cela que marchent les démocraties et que devrait marcher la nôtre puisque la politique de non-participation est évidemment idiote.

J'ai donc eu plaisir à accepter, à titre privé, des missions ponctuelles de fonctionnaire qui ne relevaient pas de cette conception commune de la vie publique qui fonde la participation à un gouvernement commun. C'est dans ce cadre que j'ai participé à la commission Darcos sur les personnels de l'éducation, ma première collaboration avec ce régime, comme dirait l'autre, ma première acceptation d'une mission de serviteur de l'État qui n'était pas une mission politique, pas plus que la Conférence des experts sur la taxe carbone. Là, je ne faisais que revenir sur les lieux de mes premiers crimes puisque je suis le créateur en France, en 1991, de la mission Effet de serre, cellule où s'inventera pour le monde entier le principe d'une taxe carbone. Quant au grand emprunt, c'est du même ordre dans la mesure où le keynésien que je suis considère que, indépendamment de tout problème conjoncturel, la condition de sortie de crise, ce sont les savoirs, la recherche scientifique et l'innovation et que, si on gère la rareté budgétaire au point d'arrêter le financement de la recherche et de l'éducation, on paralyse absolument tout, ce que sont peut-être en train de faire les Anglais et les Allemands.

Cette démarche de l'emprunt a éveillé en moi une attente et une curiosité vis-à-vis de M. Sarkozy alors même que j'avais eu une tout autre réaction, juste après la présidentielle, vis-à-vis du bouclier fiscal, géré comme une insulte faite aux petites gens. Il est vrai que la France était surimposée, que nous étions en situation d'incitation à l'exil fiscal et que tout ça méritait d'être corrigé mais, non seulement il fallait s'y prendre autrement, mais il ne fallait pas, non plus, introduire une réduction de la pression fiscale sans chercher à ce qu'elle encourage le pouvoir d'achat et la consommation.

Là, on encourageait plutôt un enrichissement qui n'était pas consommé mais thésaurisé. Je ne suis pas de ce camp. Je suis social-démocrate mais je suis français et la France était paralysée. Elle n'avait pas bougé depuis quatorze ans de Mitterrand et douze ans de Chirac, depuis vingt-six ans de chefs d'État peu réformateurs. Je me suis dit que celui-là avait, au moins, le goût du risque et un incontestable savoir-faire avec les médias. La clé de l'art de réformer est à mes yeux la discrétion. Je le répète, je réitère, mais le fait est que Sarkozy savait valoriser un tempérament réformateur grâce aux médias et que c'était un atout, même si d'autres aspects du personnage…

B.G. : … Ont conduit, disiez-vous, à « un immense gâchis ».

M.R. : Cet homme est discontinu et peu tenace alors que la résistance à la réforme que nous connaissons en France suppose une invincible ténacité sur une longue période. Toute réforme est longue. On fait ce que l'on peut. Si l'on veut réformer sérieusement, il faut le savoir et le coup qui m'a achevé, c'est l'abandon de la taxe carbone, avec cette phrase terrible : « L'environnement ça commence à bien faire. » Le respect de l'environnement, c'est l'affaire du prochain demi-siècle. Si l'on déclare qu'il y en a assez, moi, je ne sais plus car je pense qu'il faut vivre et agir en pensant que Sisyphe finira par le monter, son rocher. De Gaulle était comme ça, non ?

B.G. : Alain Juppé, au moment de la campagne présidentielle, vous n'aviez pu que détester l'éloge du modèle américain et de Milton Friedman et, pourtant, vous avez voté Sarkozy. Pourquoi ?

M.R. : Il avait même proposé, alors, d'introduire les crédits hypothécaires en France, les crédits qui allaient bientôt ruiner l'Amérique !

A.J. : Ce qui m'a convaincu de voter pour Nicolas Sarkozy, c'est que je n'avais pas du tout envie que Ségolène Royal gagne car je pensais que c'était une mauvaise chose pour la France. Et puis j'en étais arrivé à la conclusion, après avoir regardé le paysage politique à droite, que le seul qui pouvait nous faire gagner, c'était lui. J'avais été l'expliquer à Jacques Chirac, au mois de septembre 2006, à mon retour du Québec. Il l'avait d'ailleurs mal pris, d'abord parce qu'il aurait préféré que ce soit moi – « Mais non, c'est vous », m'avait-il dit – et parce qu'il pensait, au fond de lui-même : « Mais non ! C'est peut-être moi »...

À ce moment-là, il n'avait pas encore, je pense, complètement renoncé à se représenter et, quand je lui ai dit qu'il n'avait plus de chance de pouvoir y aller, j'ai senti une petite crispation sur son visage mais, mon analyse était faite et je lui avais dit, dès cette entrevue : « Je pense que j'apporterai mon soutien à Sarkozy parce que je crois que c'est la seule façon d'éviter »...

M.R. : Pardon Alain, il était déjà le patron de l'UMP ?

A.J. : Oui, oui, bien sûr. Il l'était devenu quand je suis parti, en 2004. Il s'était déjà affirmé et il faut bien dire que Chirac l'avait géré en dépit du bon sens. Après avoir dit : « Je décide et il exécute », il le réintègre au gouvernement, le laisse prendre l'UMP... « Vous l'avez mis, avais-je dit à Chirac, en situation d'être le candidat incontournable alors que rien, en 2002, ne vous obligeait à en faire le n° 2 du gouvernement et qu'on ne peut pas dire qu'il se soit vraiment investi dans votre campagne, pas plus que dans la création de l'UMP. »

Tant que Sarkozy a pu penser que c'était un outil pour moi, il a essayé, bien au contraire, de freiner la marche vers la réunion du RPR et de l'UDF dont j'avais fait mon combat. Et puis m'est arrivé, en 2004, ce qui m'est arrivé, c'est-à-dire ma condamnation pénale et mon inéligibilité. J'étais hors jeu. J'ai donc décidé de lui apporter mon soutien. J'ai fait campagne pour Nicolas Sarkozy, sans excès sans doute car je n'étais pas toujours à l'aise avec l'équipe et le discours.

B.G. : À cause de quoi ?

A.J. : De la tonalité générale, très néolibérale pour simplifier, et des gens qui étaient là et qui, si je puis dire, n'étaient pas tout à fait les miens. Cela me gênait mais, le connaissant, je savais que sa capacité d'adaptation – façon plus sympathique de formuler ce que vient de dire Michel Rocard – lui permettrait de moduler les choses. Il est clair qu'il est meilleur tacticien que stratège. Vous ne direz pas, Bernard, que je ne vous ai pas répondu mais, sans vouloir argumenter avec Michel sur le manque de capacité et d'esprit réformateurs de Jacques Chirac, je voudrais rappeler quelques-uns des profonds changements qu'il a conduits. Avec la professionnalisation des armées, la reconfiguration de notre dispositif militaire, le recalibrage de la force de dissuasion et l'abandon des essais nucléaires, nous avons quand même fait une réforme majeure dans le domaine de la Défense nationale…

M.R. : … C'est vrai mais j'ai une critique à faire à cette réforme.

A.J. : Le service national ?

M.R. : Le non-remplacement du service militaire, facteur de fusion nationale, par un service civil.

A.J. : J'ai une double réponse à cette objection-là. Premièrement, le service militaire avait depuis longtemps cessé de jouer son rôle d'intégration nationale puisque la moitié de chaque classe d'âge était exemptée…

M.R. : … Vrai, mais dramatique.

A.J. : Et deuxièmement, il y avait un service civil national dans mon projet original mais il a été abandonné pour des raisons essentiellement budgétaires.

M.R. : Donc vous me donnez accord ?

A.J. : Oui, sur ce point-là. Il y a un deuxième élément de continuité dans l'action de Chirac, l'Europe, avec le soutien au référendum de Maastricht en 1992 et la politique menée à partir de 1995. Ce que j'ai payé en 1997, ce sont les efforts que nous avons faits pour la qualification à l'euro, ceux-là mêmes que Dominique Strauss-Kahn a ensuite prolongés en en retirant tous les bénéfices. On ne peut pas dire que l'on n'ait pas eu de courage réformateur à cette époque-là mais il est certain que Nicolas Sarkozy a la capacité de faire bouger les choses. Je partage, à cet égard, votre point de vue mais ce que vous lui reprochez est peut-être l'une de ses qualités. Sa méthode à lui, c'est de choisir un symbole, une date, et de dire « Je fais tout de suite » car il a compris que, lorsqu'on s'engage dans un trop long processus de discussion, on s'enlise et ça ne marche pas. C'est l'une de ses forces et, parfois, une faiblesse. Prenez l'exemple de la taxe professionnelle. Il dit qu'il l'abroge, là, tout de suite. Parfait ! C'est très bien mais le revers de la médaille est qu'on n'a pas suffisamment réfléchi à toutes les conséquences de la réforme, notamment pour les collectivités locales.

M.R. : Pas le moins du monde.

A.J. : Il voit l'un des versants de la réforme, l'allégement de la taxation des entreprises, mais il ne voit pas l'autre, ce que cela induit pour les collectivités territoriales. D'où ma sortie : « On se fout du monde » et le fait que, *in fine,* la réforme a été profondément modifiée et bien améliorée.

Dans le jugement à porter sur ses réformes, je ne suis pas en phase avec vous. Outre sa clairvoyance et sa détermination face à la crise, on peut mettre d'autres réussites à son actif. Le changement dans l'université française est tout à fait fondamental et, en matière de libertés publiques, je considère que la question prioritaire de constitutionnalité est une révolution. Permettre à un citoyen *lambda* d'invoquer l'inconstitutionnalité d'une loi, ce n'est pas rien !

M.R. : D'accord. C'est vrai.

A.J. : On l'a, d'ailleurs, vu avec la garde à vue dont les modalités vont être modifiées grâce à cela. Sur la réforme territoriale, je suis plus sévère que vous. C'est une réforme *a minima* dont il sortira peu.

M.R. : C'est aussi mon sentiment. J'ai été plus pudique mais nous sommes d'accord.

A.J. : Encore un point. Ce que je n'ai pas du tout supporté dans la campagne de Sarkozy, c'est ce permanent leitmotiv de la « rupture ». J'y vois même une sorte d'offense personnelle. Nous avons été au pouvoir pendant neuf ans, entre 1993 et 2007, et je n'ai pas envie de rompre avec tout ce que l'on a fait pendant ces neuf années. Au fond des choses, je ne crois pas qu'il y ait de rupture dans la vie d'un peuple...

M.R. : Moi non plus.

A.J. : Je suis presque giscardien sur ce point : je préfère le changement dans la continuité à la rupture car il y a des réalités de fond dont il faut tenir compte. Il faut, bien sûr, de profonds changements mais dans une perspective historique, pas dans le déni de tout ce qui a été accompli avant.

B.G. : Si je résume ce que vous avez dit l'un et l'autre : Sarkozy a bien réagi face à la crise mais, à part ça, il est discontinu, dit Michel Rocard...

A.J. : Non seulement il a bien réagi face à la crise mais il a lancé de bonnes réformes. J'en ai cité deux ou trois.

B.G. : Si vous me permettez d'aller jusqu'au bout : vous reconnaissez à Sarkozy des mérites, une énergie, un courage, certaines réformes réussies, plus chez vous Juppé que chez vous Rocard, mais le portrait que vous avez fait de lui, l'un et l'autre, est tout, sauf celui d'un homme d'État.

M.R. : Cette formule est un peu générale, non ? Qu'est-ce qu'un homme d'État ?

B.G. : C'est la continuité et la vision. Or, ni l'un ni l'autre, vous ne lui reconnaissez continuité et vision.

A.J. : Je n'ai pas dit cela. De toute façon, c'est l'Histoire qui jugera.

M.R. : Pas de commentaire non plus.

B.G. : Vous souhaitiez donc, Alain Juppé, que votre camp soit moins friedmanien et plus identifiable à la défense des plus démunis. D'autres points sur lesquels vous voudriez faire évoluer votre famille politique ?

A.J. : Le troisième point sur lequel j'ai pu me sentir non pas en rupture mais en décalage avec une partie de ma famille politique, c'est évidemment l'Europe, une Europe que je souhaite politique et à dynamique fédérale. Nous en parlerons plus longuement mais voilà les trois thèmes sur lesquels, de longue date, je souhaite faire évoluer ma famille politique, dans une direction qui me rapproche peut-être de ce que dit Michel.

B.G. : Mais au point de le suivre sur cette réduction du temps de travail dont il fait l'un des grands objectifs de sa gauche ?

A.J. : Non. Dans le monde tel qu'il est, je ne proposerais certainement pas d'enfourcher ce cheval de bataille. Je ne sais pas comment la France pourrait choisir, aujourd'hui, de moins travailler mais je suis prêt à écouter les arguments de Michel...

M.R. : Autant vous prévenir, je ne pourrai pas être court. La question de la durée du travail se pose depuis la naissance du capitalisme, il y a deux siècles, car le capitalisme n'est pas la même chose que le marché dont l'invention remonte à trois ou quatre millénaires. Le marché est une affaire de rencontres de personne à personne – l'artisan, le commerçant, l'acheteur – mais il change de nature avec la conjonction des inventions de la machine à vapeur et de la société anonyme, du moyen de faire travailler, ensemble, beaucoup d'individus autour d'une même source d'énergie et du lien permettant de mobiliser de nombreux épargnants autour d'un même investissement.

C'est grâce à cette conjonction que le capitalisme prend son essor, entre 1810 et 1840, dans l'Europe du Nord, dans la plaine anglaise et l'actuel Benelux, au nord de l'Allemagne et au sud de la Scandinavie, et toutes nos sociétés en sont bouleversées. Nos aïeux des débuts du XIXe ne vivaient guère mieux que leurs arrière-grands-parents de la Révolution qui, eux-mêmes, ne vivaient pas tellement mieux qu'au temps de Louis XIV où l'on vivait à peu près comme sous l'Empire romain : économie agricole, transformation artisanale, et point à la ligne. Avec le capitalisme, nous vivons 120, 130, 140 fois mieux que nos arrière-arrière-grands-parents. C'est inouï ! C'est prodigieux mais la cruauté sociale de cette révolution l'a été tout autant car, lorsqu'on installe des gens autour des premières machines à vapeur, non seulement ils n'ont plus accès à la glane, non seulement ils ne peuvent plus se nourrir de la terre, mais ils travaillent 4 000 heures par an, 17 heures par jour, samedi compris, sans congé ni retraite. La mortalité est effrayante.

Marx, Dickens, Zola ont dit tout cela et, dès le début, le monde salarial engage une bataille de très longue haleine sur la baisse de la durée du travail, une bataille pour la dignité de la vie qui marque des points, au même rythme ou presque, dans tous les pays développés. Des 4 000 heures des années 1830 et 1840, on passe aux 3 000 heures des débuts du XXe. C'est dans cette bataille-là, ponctuée de grèves et de terrifiantes répressions, que naît le mouvement ouvrier. On est à 2 000 heures au milieu des années 1930. Le mouvement reprend à la fin des années 1950 et nous sommes, maintenant, dans une fourchette de 1 350 à 1 550 heures dans la totalité des pays développés, à l'exception du Japon qui en est resté à quelque 1 800 heures.

Voilà, c'est général. Il n'y a pas d'interruption et, sauf dans les périodes de crise, c'est cette évolution qui a permis de maintenir le plein emploi. On a oublié ça mais, hors périodes de crise, on a eu le plein emploi de 1840 à 1972, tout du long, parce que la durée du travail avait été réduite de 60 %.

A.J. : La crise de 1929 a été longue. Elle a duré jusqu'en 1940...

M.R. : Oui, mais n'oubliez pas qu'ils étaient repartis plus vite aux États-Unis, grâce au « Je paie mes salariés pour qu'ils m'achètent mes voitures » d'Henry Ford et du New Deal.

B.G. : Dès lors qu'on en est à 1 500 heures et que cette réduction de la durée du travail a permis de passer de Dickens à des sociétés nettement moins invivables, pourquoi faudrait-il continuer ? Et jusqu'où ?

M.R. : Ce n'est pas seulement la réduction du temps de travail qui nous a tirés de Dickens. C'est aussi l'affectation d'une partie des bénéfices à la protection sociale mais laissez-moi poursuivre. En 1930, dans un texte intitulé *L'Économie politique de nos petits-enfants,* le jeune Keynes écrit que, l'un dans l'autre, la crise de 1929 sera surmontée mais que l'augmentation absolument constante de la productivité du travail fait qu'« Avant la fin du siècle, il suffira de trois heures par jour ou de quinze heures par semaine de travail salarié productif pour que l'humanité subvienne à ses besoins », et il ajoute : « Quand j'observe ce que les gens fortunés de notre temps font de leur argent, je me demande s'il n'y a pas lieu de redouter une dépression nerveuse universelle. »

La fin du siècle, c'était il y a dix ans et la somme du chômage et du travail précaire, c'est la différence d'adaptation sociale entre le pronostic de Keynes sur les effets de l'augmentation de la productivité et la réalité économique et sociale que nous vivons.

B.G. : Et vous prôneriez donc les quinze heures par semaine que prônait Keynes en 1930 ?

M.R. : Je ne dirais pas ça. Je dirais, en revanche, que toute attitude consistant à essayer de provoquer une croissance de la masse de travail qui ne profiterait pas à ceux qui n'ont pas d'emploi et ne ferait qu'apporter des heures supplémentaires à ceux qui en ont un est une espèce de crime social. Le problème est là. On ne peut pas l'ignorer. Il est incontournable mais on en vient, là, à l'épisode français, un épisode malheureux…

B.G. : … Avant que vous ne l'abordiez, Alain Juppé souhaite, peut-être, réagir ?

A.J. : Je laisse Michel aller au bout de son raisonnement.

M.R. : J'étais à la table du Conseil des ministres quand Mitterrand a décidé qu'on ferait 39 heures payées 40 et j'ai vu le malheur sur la tête de Jacques Delors. Nous avions 2 millions de chômeurs à l'époque. La question d'un partage un peu différent du travail se posait évidemment mais nous, nous savions aussi qu'on ne pouvait pas surcharger les entreprises. Nous avions, donc, fait passer beaucoup de messages à nos copains syndicalistes pour leur dire que le chômage demandait qu'on mette de la dépression sur le temps de travail mais qu'on ne pouvait pas le faire à salaire totalement conservé. La CGT ne voulait pas en entendre parler. La CFDT en revanche y était prête. Il y avait plusieurs centaines de réseaux de syndicalistes qui commençaient à expliquer qu'il fallait entrer dans cette négociation, que c'était indispensable, que la réduction du temps de travail était un combat de toujours du mouvement ouvrier et que tout le monde avait besoin de temps pour surveiller les mômes à la sortie de l'école, leur faire faire leurs devoirs et s'occuper des problèmes familiaux. Le patronat n'était pas en désaccord. Il voulait seulement s'assurer que ce ne serait pas à salaire constant et, économiquement parlant, il avait raison. Bref, une sauce prenait et la décision de Mitterrand a tout fichu en l'air.

Ça, c'est la première catastrophe et la seconde, c'est la loi sur les 35 heures qui fait suite à tout un débat que j'avais fini par perdre, au sein de la gauche. Initialement, c'est la CGT qui a avancé cette idée d'abaisser la durée légale à 35 heures, lorsqu'elle s'était rendu compte que nous étions un peu au-dessus de la moyenne de nos partenaires européens. C'était absurde car, si l'objectif est le plein emploi – et il s'agit bien de cela – comment peut-on penser que l'augmentation de la productivité s'arrêtera et que bientôt,

35 heures ou pas, le chômage ne repartira pas à la hausse ? Aussi sympathique qu'il puisse paraître à un moment donné, le chiffre symbolique, le plafond chiffré, n'est pas du tout la bonne démarche et nous considérions, nous, la deuxième gauche, qu'il fallait procéder autrement, que l'essentiel était de faire entrer la durée du temps de travail dans les négociations entre patronat et syndicats, qu'il fallait lui permettre d'évoluer en fonction des conditions économiques et qu'il fallait débuter, pour cela, par des mesures légales mais purement incitatives.

D'où l'idée que nous avions commencé à défendre, Roger Godino et moi, d'introduire un système de tranches dans les cotisations sociales, semblable à celui de l'impôt sur le revenu. En dessous de 32 heures, on divisait les cotisations sociales par 4 et on les multipliait d'autant à l'étage supérieur. Pour toute entreprise baissant sa durée du travail, cela représentait une énorme économie qu'elle pouvait partiellement affecter à de nouvelles embauches car ce n'est évidemment pas parce qu'une entreprise baisse son nombre d'heures par salarié que son carnet de commandes se réduit. Les caisses d'assurances sociales n'étaient pas perdantes puisque le chômage diminuait. Jean-Claude Fitoussi qui n'est pas exactement un mauvais économiste nous avait confirmé qu'on pouvait, à ses yeux, regagner par là de 500 000 à 600 0000 emplois en sept ou huit ans...

B.G. : Et vous souhaiteriez, aujourd'hui, qu'on reprenne ce fil ?

M.R. : Il n'y aurait que des avantages à le faire.

B.G. : Alain Juppé, là, c'est à vous.

A.J. : Eh bien nous avons, là, une divergence d'analyse assez profonde. Je ne suis absolument pas convaincu par votre raisonnement car, premièrement, il n'y a pas eu de réduction du taux de chômage en

France depuis la mise en œuvre des 35 heures. Je sais que vous me direz que la réforme adoptée n'était pas votre projet mais il n'en reste pas moins qu'il n'y a pas de corrélation entre la diminution du temps de travail et la diminution du chômage. Je constate, deuxièmement, que la baisse du nombre d'heures n'a pas été un facteur de mieux-être au travail car, dans un monde de compétition acharnée, comment a-t-on compensé la baisse de durée du travail ? Chacun le sait : par une productivité accrue, par un blocage des salaires et donc par une aggravation du stress au travail. Voyez ce qui se passe dans certaines grandes entreprises. On travaille moins mais on stresse plus et cette corrélation-là est plutôt inquiétante. Une question, enfin : je ne conteste pas qu'il y ait une tendance historique à la réduction du temps de travail mais depuis quand ?

M.R. : On est sur les deux cents ans.

A.J. : Sans doute. Elle est, autrement dit, réelle dans la période d'essor des sociétés industrielles mais qu'est-ce que la durée du travail dans les sociétés préindustrielles ? On ne peut donc pas dire que, dans l'histoire de l'humanité, le progrès ait été lié à la réduction du temps de travail. Je vois, en revanche, quelque chose de pervers dans cette fuite en avant vers la journée de 3 heures ou la semaine de 15 heures car elle diffuse, dans l'imaginaire collectif, l'idée qu'on va pouvoir aller vers une sorte d'oisiveté généralisée tout en continuant à bénéficier du même niveau de vie.

C'est d'abord faire l'impasse sur le fait que d'autres travaillent plus que nous, peut-être pas dans les pays développés mais sûrement dans les pays émergents. Quand les Chinois construisent des équipements en Afrique, ils ne travaillent pas 35 heures par semaine ! Ils font venir de la main-d'œuvre de chez eux et nous piquent les marchés, parce qu'ils bossent. C'est dans ce monde-là que nous vivons. Peut-être est-ce provisoire. Il est probable que les salaires chinois finiront par monter. Un mouvement s'est amorcé. Les Chinois commencent même à délocaliser une partie de leur production dans des pays dont les salaires sont inférieurs aux leurs. On peut imaginer qu'il y a aura, à terme, une pression pour la diminution du temps de travail en Chine mais ce n'est pas pour les dix ou quinze prochaines années et, aujourd'hui, ce serait une colossale erreur économique pour la France que de foncer tête baissée dans cette direction.

Ce n'est pas tout. J'ai une autre raison de divergence avec votre approche : vous partez du postulat que le travail est une calamité. Je sais... La Bible le dit : le travail est une punition infligée à l'homme après qu'il a été chassé du paradis terrestre pour avoir mangé la pomme. Je sais aussi que l'homme libre ne travaille pas dans les sociétés antiques, qu'il y est oisif et que le travail y est une servitude. Je sais bien que l'aristocrate ne travaillait pas non plus sous l'Ancien Régime, que c'était bon pour le serf, le paysan, le tiers état. Tout cela nous a marqués jusqu'à aujourd'hui mais je me demande s'il n'y a pas une autre approche du travail, s'il n'y a pas une force libératrice dans le travail et une chance d'épanouissement personnel autant que collectif.

On me dira, bien sûr, que ce n'est pas le point de vue de la caissière de supermarché ou de l'ouvrier sur sa chaîne. J'en suis d'accord mais faut-il s'y résigner ? Ne vaut-il pas mieux explorer d'autres pistes pour enrichir le travail de chacun, favoriser la prise de responsabilité à tous les niveaux, parier sur la motivation, la créativité et – pourquoi pas ? – renouer avec la vision gaulliste de la participation qui englobait, bien sûr, la participation financière aux résultats de l'entreprise mais tout autant la participation aux responsabilités au sein de l'entreprise ?

Au « travailler plus pour gagner plus » bien connu, je proposerais d'ajouter le « travailler mieux pour s'épanouir plus ».

Et puis, sans doute faut-il diversifier l'offre de travail et même passer de la notion de travail à celle d'activité qui peut inclure des formes non marchandes, des tâches d'intérêt collectif, voire du bénévolat. Un monde où la réduction du temps de travail productif ne laisserait la place qu'à du temps libre (souvenir de 1981 où fut créé un ministère du Temps libre !), à l'oisiveté ou aux jeux vidéo, m'inquiète quelque peu.

B.G. : C'est moins un raisonnement économique que moral, éthique et culturel, que vous développez là.

A.J. : Si vous voulez. J'ai, en somme, une double objection à la thèse de Michel. La première est économique car on est dans un monde de compétition où, globalement, nous travaillons moins que les autres...

B.G. : ... Vous étiez clair mais on a l'impression que votre objection culturelle est encore plus importante.

A.J. : Il y a les deux. Si nous avons un problème de compétitivité, c'est que nous travaillons moins que nos concurrents, sur l'année ou la durée du temps de vie, que nous sommes le pays de l'OCDE où le taux d'activité de la tranche des cinquante-cinq/soixante-cinq ans est le plus faible de tous...

M.R. : ... Et c'est une catastrophe nationale que nous déplorons vous et moi.

A.J. : ... Et ma deuxième objection est en effet d'ordre éthique car je crois qu'il faut occuper les gens. Il se peut que *l'otium cum dignitate* cher aux Anciens soit réservé à quelques membres de l'élite intellectuelle ou sociale mais on peut se dépasser par le travail, y trouver une dignité et l'oisiveté m'inquiète beaucoup.

B.G. : Là, vous parlez franchement à droite : « Il faut occuper les gens » et non pas « Il faut que les gens s'occupent ».

A.J. : Il faut permettre à chacun de s'occuper !

B.G. : Ce n'est pas ce qui vous était naturellement venu aux lèvres.

A.J. : D'accord, je rectifie : il faut donner à chacun la possibilité de s'occuper.

B.G. : Michel Rocard ?

M.R. : J'ai beaucoup de choses à dire mais la première, c'est que la recherche d'une véritable hostilité politique va être difficile : je suis d'accord avec les quatre cinquièmes de ce que vous venez de dire.

A.J. : Aïe ! J'ai pourtant fait de tels efforts que Bernard Guetta vient de me classer dans la droite la plus réactionnaire !

M.R. : J'ai dit les quatre cinquièmes, ce qui nous laisse un cinquième de désaccords sur lesquels je reviens car ils sont symboliquement essentiels. Je supplie d'abord qu'on n'oublie pas, dans la dimension proprement économique, que 25 % de nos concitoyens sont rejetés du marché du travail ou bricolent avec des petits boulots qu'on leur concède pour ne pas en faire des chômeurs à part entière. Non seulement c'est affreux mais ce pourcentage ne cesse d'augmenter depuis une vingtaine d'années, depuis que le pouvoir des actionnaires s'est organisé dans les conseils d'administration...

A.J. : Je ne l'oublie pas du tout mais que répondez-vous à mon argument qui est que cette montée de la précarité n'a pas été stoppée par la réduction du temps de travail ?

M.R. : J'y viens, mais je dois dire avant que je vous suis complètement sur votre développement éthique. Pour moi aussi c'est ce dont il s'agit. Il y a, dans mon approche du problème, une volonté de réinventer l'activité, d'inverser le rapport au travail, de sauver sa noblesse, de le rendre positif et mieux compatible avec des vies quotidiennes organisées différemment mais, aussi longtemps que le quart de notre population n'a pas d'emploi permanent et décemment rémunéré, nous sommes dans l'urgence d'une catastrophe sociale qui annonce l'apathie électorale et des votes extrêmes. C'est à cause d'elle que les Néerlandais et les Français ont dit « non » au projet de Constitution européenne qui n'avait rien à voir avec la précarité mais qui leur a donné l'occasion de rejeter un type de société complètement détestable. C'est à cause d'elle que, si les Allemands avaient été consultés par référendum, ils auraient également dit « non ». Le problème est criant, dramatique, intolérable non seulement pour ces 25 % d'exclus mais pour toutes nos sociétés qui en sont cassées.

Quand vous dites, en revanche, que la réduction du temps de travail n'a pas fait baisser le chômage, ce n'est pas tout à fait vrai. De nombreux experts, d'abord, attribuent entre 250 000 et 300 000 emplois aux deux lois de Martine Aubry sur les 35 heures. La population d'âge actif a parallèlement augmenté de plus de 600 000 personnes par an. C'est ce qui a rendu le ralentissement à peine perceptible mais la situation aurait été bien pire encore sans ces mesures. Il ne faut pas l'oublier et, deuxièmement, on ne s'y est pas bien pris. En 1996, à une époque où le PS ne pouvait prévoir ni la dissolution ni les élections anticipées et la proximité d'un retour aux commandes, le bureau national a préféré les emplois jeunes à mon système parce que ça lui a semblé moins compliqué, plus rapide et moins progressif, que c'était plus immédiatement parlant, que tout le monde pouvait comprendre par ces deux seuls mots et qu'il faut toujours parler aux jeunes.

En fait, le coût budgétaire d'un emploi créé à travers la combine d'Aubry, Strauss-Kahn et Jospin était 8 fois plus élevé qu'à travers la mienne et, quand Jospin gagne, que Martine Aubry se retrouve au Travail et reprend le problème, elle m'explique que le Parti n'avalera pas un système qui n'est pas contrôlé et ne garantit pas que les patrons embauchent. Elle-même ne leur faisait pas confiance. Elle n'acceptait pas l'idée qu'il serait tout simplement de leur intérêt de garder le même volume de travail, à un coût moindre mais avec des embauches. Elle ne voulait pas, non plus, intégrer le fait qu'un chômeur réembauché, c'est une considérable économie pour l'État et que, bien entendu, cela faisait partie de l'équilibre de mon système. Il lui fallait des lois, contraignantes, et elle a inventé, du coup, cette distinction dramatique dont nous ne sortons pas entre les grandes entreprises et les PME. Il y a un grand ratage dans tout cela car la CFDT était d'accord sur mon système. Jean Gandois, le patron du Medef, l'était aussi avant de se faire mener en bateau par Martine Aubry. On est vraiment passé à côté de quelque chose d'important mais, si vous avez conservé les 35 heures, c'est que les grandes entreprises supplient qu'on n'y touche pas car elles se sont débrouillées pour trouver leur nouvel équilibre.

A.J. : C'est vrai mais ce n'est pas seulement parce qu'elles n'ont pas envie de rouvrir des négociations qui ont été longues et compliquées. C'est aussi parce qu'elles y ont trouvé, en termes de masse salariale et de productivité, des contreparties dont les salariés ne se sont pas forcément mieux portés.

M.R. : Exact.

A.J. : Je vous rejoins donc totalement pour dire qu'il est absurde de vouloir fixer la durée du travail par la loi. Nous sommes les seuls à le faire mais il me semble que, sur ce point, vous réglez plutôt son compte à Martine Aubry qu'à l'UMP. Cela étant dit, quelles que soient mes objections économiques et éthiques, je n'ai pas de blocage absolu sur l'idée qu'on travaille moins pour peu qu'on le puisse. Quand vos amis ont imposé les 35 heures, j'avais d'ailleurs reçu Pierre Larrouturou. Il voulait me vendre son système qui est très proche du vôtre...

M.R. : ... C'est à peu près le même. Nous n'avions fait que l'affiner.

A.J. : Larrouturou et moi nous étions vus à plusieurs reprises et je dois bien dire que je n'avais pas été loin d'acheter.

M.R. : Dommage que vous ne l'ayez pas fait ! Dommage que cette idée ne soit toujours pas admise car nous avons toujours trois millions de chômeurs et une durée effective du travail de plus de 36 heures et demie. Nous travaillons, par semaine, un peu plus que l'Europe et...

A.J. : ... Par semaine, mais pas dans l'année.

M.R. : Justement ! La grande affaire, c'est aussi le temps de travail dans la vie et là, pour l'équilibre de notre système de retraite et parce que je panique un peu à l'idée d'une masse de sexagénaires qui n'auraient plus rien à faire dans les vingt années qui leur restent à vivre, je suis partisan d'amener, progressivement, l'âge effectif du départ en retraite à soixante-six ou soixante-sept ans...

A.J. : ... C'est un titre pour le bouquin !

M.R. : Attention ! Je ne parle pas ici de l'âge légal du droit à partir en retraite, même si elle est incomplète.

Ça, c'est tout autre chose. C'est devenu un symbole mais, quand on a créé les retraites en France, l'espérance de vie moyenne était d'à peine plus de soixante ans et on a pris dix-sept ou dix-huit ans de mieux.

B.G. : Je vous arrête car vous êtes un peu désarmants l'un et l'autre…

A.J. : Pourquoi ?

M.R. : La bonne foi dans l'écoute ?

B.G. : Mais non ! Vous êtes désarmants parce que vous commencez, Michel Rocard, par un vibrant plaidoyer en faveur de la réduction du temps de travail, qu'Alain Juppé vous répond que ce serait une catastrophe économique et morale et que, là-dessus, on vous entend dire, vous Rocard, qu'il faut travailler jusqu'à soixante-sept ans et vous, Juppé, que Pierre Larrouturou n'était pas loin de vous convaincre avec sa semaine de 32 heures.

A.J. : Mais il ne m'a pas convaincu !

B.G. : Non, mais vous n'étiez « pas loin d'acheter », avez-vous dit.

M.R. : Clarifions car, dans toute cette affaire, on mélange constamment et affreusement l'individuel et le collectif et on ne comprend plus rien. En France, on fait aujourd'hui autour de 37 à 38 milliards d'heures de travail salarié. Il est évident, parce que nous manquons de croissance, parce que trois millions de personnes sont sans travail et qu'il faut leur en trouver, qu'il serait nécessaire d'arriver à 40 ou 41 milliards d'heures et, donc, de travailler plus. C'est clair, limpide. Personne ne parle de travailler moins, collectivement parlant. Personne n'y songe même car ce serait une absurdité mais, pour faire de la place sur le marché du travail aux trois millions de personnes qui n'en ont pas, il n'y a pas d'autre moyen que de faire baisser, lentement et contractuellement, la durée hebdomadaire du travail de ceux qui en ont. Quand on dit que « le temps n'est pas venu de travailler moins mais de travailler plus » en omettant de préciser qu'il s'agit, là, de faire travailler plus ceux qui ont déjà du travail pour pouvoir oublier complètement les autres, c'est une hypocrisie dont je ne suis pas loin de considérer qu'elle confine au crime.

Cela étant clarifié, je veux ajouter deux choses. La première est que la réduction du temps de travail hebdomadaire est une absolue nécessité mais qu'on y a très mal procédé. La seconde est qu'il faut partir en retraite plus tard mais que cet allongement de la durée globale du temps de travail dans une vie suppose des compensations qu'on ne peut trouver que sur la durée hebdomadaire. Sur les retraites, je ne suis pas en désaccord avec l'objectif de ce gouvernement. Dès lors qu'on vit plus longtemps, il faut travailler plus longtemps, mais il ne fallait surtout pas lancer une loi ! Il fallait laisser beaucoup de temps au patronat et aux syndicats pour trouver et, surtout, négocier ces compensations, sans s'accrocher au symbole de l'âge légal de la retraite.

Avec cette démarche, on ne fait que continuer à perdre du temps, à crisper tout le monde et à brouiller les esprits alors qu'il faudrait mettre en place les processus sociaux qui aident à ce que ça se fasse tout seul car, avec un tel allongement de la durée de vie et un quart de personnes qui n'ont pas de contrat à durée indéterminée, on a le devoir moral d'essayer. Les enjeux sont terrifiants. Il faut essayer d'allonger la durée du temps de travail global et cela passe, notamment, par la réduction du temps hebdomadaire qui offrira davantage d'emplois aux chômeurs.

B.G. : Alain Juppé, pourquoi est-ce que Pierre Larrouturou n'avait pas été loin de vous convaincre ?

A.J. : Ce qui m'intéressait chez lui, c'était une alternative aux 35 heures façon Aubry mais ça ne m'a, néanmoins, pas convaincu...

M.R. : ...Vous aviez pourtant soutenu la loi Robien qui était une toute première ébauche de réduction incitative du temps de travail par abaissement des cotisations sociales.

A.J. : J'appartenais, en 1993, à un gouvernement qui l'a soutenue mais mon degré de conviction était très, très modéré car j'étais extrêmement sceptique, et continue de l'être, sur la possibilité que nous aurions dans le monde d'aujourd'hui d'inciter les gens à travailler moins. Dans vingt ou trente ans, peut-être pourrons-nous faire en sorte que la prédiction de Keynes se réalise. Je ne sais pas mais, dans la décennie qui vient, non, ce serait une erreur et je ne crois pas, non plus, qu'on puisse dégager du temps de travail hebdomadaire par l'allongement de la durée globale du travail. Ce sont deux phénomènes entre lesquels il n'y a pas d'interpénétration. Il y a si peu de corrélation entre les deux que ce n'est pas en abaissant l'âge de la retraite qu'on a donné plus de travail aux jeunes arrivant sur le marché de l'emploi. Je ne crois pas à la redistribution du travail car le travail n'est pas une quantité fixe. C'est le travail qui crée le travail.

M.R. : Bon... Quatre remarques. La première est que nous sommes évidemment d'accord sur la quantité fixe de travail. Nous l'avons dit. Ça n'existe pas : c'est une sottise. Incidemment, quand vous dites qu'il n'y a pas d'interpénétration entre la durée hebdomadaire du travail et sa durée globale dans la vie, vous avez raison mais ce dont je parle est justement d'en établir une. Comment ? En essayant de trouver, par la négociation, une compensation à l'augmentation nécessaire du nombre d'années de travail par une baisse de sa durée hebdomadaire. Deuxième remarque, vous dites « dans le monde où nous sommes » en pensant à la concurrence des pays émergents mais, quoi qu'on fasse, nos salaires resteront 15 fois supérieurs à ceux de la Chine…

A.J. : … Oui, naturellement, mais pas éternellement.

M.R. : … Ça se traite autrement et cela ne doit pas nous empêcher de faire une priorité de l'insertion de la totalité de notre population sur le marché de l'emploi. Troisièmement, pour des raisons de salubrité collective et de protection de la planète, nous avons besoin, en tout état de cause, de plus d'activités non marchandes et non consommatrices de ressources. Cela suppose du temps libre et je voudrais vous rappeler, là, une enquête que *Libération* avait faite, en pleine controverse autour des lois Aubry, sur les premières entreprises qui, dix ans auparavant, avaient décidé de passer à 35 heures sans rien demander à quiconque. Beaucoup de salariés racontaient qu'ils avaient d'abord été contre mais tous s'étaient fait une autre vie et avaient trouvé un nouvel équilibre. Un câbleur était devenu archiviste municipal. Un autre s'était lancé dans la rénovation de monuments. Beaucoup s'étaient investis dans le sport. Tous s'étaient lancés dans des activités bénévoles et c'était fabuleux de lire ça car nous avons besoin de détendre la pression de l'argent dans nos sociétés.

Et puis, quatrièmement, si vous avez cru voir, Bernard, une contradiction dans mon propos, c'est que nous sommes tous déshabitués des raisonnements sur le temps long et que le discours que je viens de faire, il n'a de sens que sur vingt ou trente ans. À court terme, il est insensé…

A.J. : … Ah !

M.R. : Non, non, mon cher Alain, pas si vite ! Il serait insensé sur le court terme mais demande qu'on s'y mette tout de suite, non pas par la loi mais par des négociations initiatrices d'évolutions lentes par lesquelles il faut forcément passer pour changer les choses. On y revient toujours : je suis un social-démocrate assez content de ma tradition, fidèle à nos classiques et, en l'occurrence, à cet extraordinaire texte de Paul Lafargue, *Le Droit à la paresse*, dans lequel il ne pouvait, bien sûr, pas faire l'analyse macro-économique du monde d'aujourd'hui mais où se trouvait, déjà, tout le reste de mon propos. Pour moi, c'est une référence mais les socialistes ont malheureusement oublié leurs lectures de jeunesse. Pour intensifier la fête, les amitiés, les relations familiales et la conquête de la culture, il faut du temps. On en manque aujourd'hui. La société le ressent : elle en fait une crise. Lafargue reste une référence.

A.J. : Une référence très élitiste.

M.R. : Toute l'invention du socialisme est diablement élitiste mais, si l'on sait bien s'en servir, c'est à tout le monde qu'elle profitera.

A.J. : Je crains que cela ne reste à démontrer.

M.R. : Le bonheur des hommes ne dépend pas, d'abord, de l'argent. La crise actuelle montre qu'il est temps de s'en souvenir dans l'organisation de la société.

2

En défense de la france

Chapitre deuxième, où l'on apprend que, non, la France n'est pas du tout fichue ; qu'elle change beaucoup plus et beaucoup plus vite qu'on ne le dit ; qu'elle a d'immenses atouts et de grandes capacité de rebond ; que c'est un pays d'emmerdeurs mais un fascinant pays qu'il faut désendetter d'urgence ; que cela passera obligatoirement par un relèvement de la fiscalité, par l'imposition d'une tranche à 50 % sur les plus riches, d'une TVA verte et d'une TVA sociale ; que la dépression des Français remonte à 1940 et que la difficulté qu'il y a à les gouverner date de Philippe le Bel et de la Commune de Paris ; qu'il ne faut jamais annoncer une réforme à l'avance mais seulement lorsqu'elle fait, déjà, consensus ; que la protection sociale est un bien de l'Europe, infiniment précieux ; que les Européens ont raison de la défendre et qu'il faut totalement revoir les conditions du libre-échange afin que l'Union européenne puisse se réindustrialiser.

Bernard GUETTA : La France est « en faillite », avait un jour dit François Fillon. Cela avait choqué. Il avait fait scandale mais, partiellement au moins, n'avait-il pas raison ?

Alain JUPPÉ : Non. Être en faillite, c'est ne plus avoir les moyens de se procurer l'argent nécessaire à payer ce que l'on doit à ses salariés, ses fournisseurs ou ses actionnaires. La France n'en est pas là. Elle conserve une capacité à se financer et se refinancer et, lorsque nous émettons des bons du Trésor, ils se placent à des taux qui ne sont pas fondamentalement différents des taux allemands. Nous ne sommes pas menacés d'inspirer la défiance et, surtout, lorsqu'on déclare une société en faillite, c'est qu'elle est au bout du rouleau, qu'elle n'a plus les moyens de se remettre à l'équilibre et de suffisamment se réformer pour retrouver une situation saine. Or ce n'est pas le cas de la France. Ma conviction est que la France a la capacité de se redresser, de se réformer et de retrouver l'équilibre. Ce mot de « faillite » est excessif mais est-ce que cela signifie qu'on pourrait rester d'une sérénité à toute épreuve et laisser filer les choses ?

Évidemment pas. Si l'on prolonge les courbes de nos déficits et de nos endettements, on voit bien que la situation ne sera rapidement plus tenable. Il faut infléchir la trajectoire, tendre vers une remise aux normes européennes, nous préoccuper enfin, et sérieusement, de remettre nos finances en état car, en pourcentage du produit intérieur brut, notre endettement est aujourd'hui de...

Michel ROCARD : ... De plus de 80 % !

A.J. : ... Ce qui signifie qu'il nous faudrait quasiment une année de production nationale, et bientôt plus à ce rythme, pour rembourser nos dettes. Autant dire que la situation est préoccupante. Je la crois même grave et, si nous ne réagissions pas fortement, ce mot de « faillite » pourrait finir par convenir, bien qu'il s'applique difficilement à un État.

M.R. : Je n'ai pas non plus aimé ce mot de « faillite » qui évoque de fausses images de droit commercial. Je crois aussi que la France a toutes les possibilités de surmonter cette mauvaise passe dont je ne sous-estime pas non plus la gravité puisqu'on ne peut pas continuer à emprunter quelque 300 milliards par an. La situation est extrêmement préoccupante mais l'essentiel est de traiter la chose dans des conditions non anesthésiantes. Il faut traiter le patient en le renforçant et non pas en le mettant en déflation car on serait alors sûr d'arriver à une véritable insolvabilité et de devoir faire appel au Fonds monétaire international, comme la Grande-Bretagne au début des années 1970, comme la Grèce maintenant et comme nous-mêmes, en 1983, en avions été si près que François Mitterrand avait dû renoncer à l'idée de sortir du Serpent monétaire européen.

À l'époque, notre taux d'endettement était bien inférieur à ce qu'il est aujourd'hui mais cela s'était traduit par une dévaluation particulièrement lourde et par une période d'austérité terrifiante puisque nous avions dû bloquer les salaires, pour la première et unique fois depuis 1945. C'est la gauche, ce sont des socialistes qui ont bloqué les salaires... Formidable ! On avait bloqué les salaires pour trois mois et, bien sûr, les prix en même temps mais, si nous avons connu, malgré tout, un certain redémarrage, c'est qu'on n'a jamais cessé d'investir.

C'est ce qui explique qu'on s'en soit sorti mais la situation est, maintenant, plus grave qu'elle ne l'était alors et nos marges de liberté ont diminué. Aujourd'hui, il nous faut en quelque sorte inventer une politique publique, sans beaucoup d'outils pour le faire. Tout devrait s'appuyer sur un diagnostic des facteurs bloquants. Il faudrait arriver à investir là où, dans la situation actuelle, quelque chose empêche de faire plus de valeur ajoutée et de production mais je suis d'une radicale hostilité à toute idée de diminution excessive des dépenses publiques. En les diminuant, ce ne sont pas les salaires des fonctionnaires qu'on réduit mais, nécessairement, l'investissement pour l'avenir. C'est là qu'est le vrai danger, avec une déflation à la clé.

A.J. : Comment cesser d'accumuler des déficits et une dette pouvant dépasser le PIB sans casser, pour autant, les timides signes d'un redémarrage de l'activité économique ? Je crois que c'est là qu'est aujourd'hui le nœud du réglage de la politique conjoncturelle. Comment réagir face à un mouvement qui, même si nous ne sommes pas en faillite, nous entraîne dans le mur, et ne pas courir pour autant le risque d'une stagnation de la croissance, voire d'une déflation ? Tout sera dans l'art de placer le curseur entre rigueur et croissance, dans l'art de l'exécution...

B.G. : Et, après avoir l'un et l'autre gouverné la France, diriez-vous que cet art y est particulièrement difficile ? Diriez-vous que la France est « ingouvernable », comme on l'entend si souvent, et que la société française est rétive à tout changement, même nécessaire, même socialement équitable et bénéfique à terme ?

M.R. : C'est une très grande affaire… Je vous fais un petit monologue ?

A.J. : Allez-y…

M.R. : Un détour, alors, par l'histoire longue. Presque toute l'Europe est faite de communautés nationales qui n'ont produit leur État que lorsqu'elles en ont eu besoin pour des raisons d'affirmation politique ou commerciale. Beaucoup de ces États, l'allemand, l'italien, et plein d'autres, ne datent que du XIXe siècle. Les Pays-Bas datent d'un peu avant. L'État anglais est du XVIIe. L'État français remonte, lui, à Philippe le Bel. Tandis que tous les autres sont le produit d'une seule communauté linguistique et, souvent, d'une unité religieuse, celui de la France, cas unique en Europe, est le fruit de la victoire militaire d'un petit prince plus militarisé que d'autres, celui du Val de Loire et du Vexin français, qu'on appelait le roi de France par convention.

Pour construire l'État français, nous avons détruit la culture bretonne, la culture occitane (au moins 500 000 morts), la culture alsacienne, la culture flamande (Lille était la capitale de la Flandre et on y parlait flamand jusqu'à la fin du Moyen Âge) et nous avons, en gros, fait subir la même chose au petit morceau basque. La Corse, ça s'est fait dans des conditions telles et si tard que ça fait encore mal. Dans l'art de se fréquenter, nous avons été des Hutus et des Tutsis, et il résulte de cette triste singularité une grande méfiance du terroir français envers Paris et le centralisme parisien qui se sont imposés par la force des armes. La conséquence en est que depuis le début du XXe siècle nous avons constamment eu, même du temps de l'Espagne franquiste, plus de policiers pour 10 000 habitants que n'importe quel autre État européen. Conséquence symétrique, l'État central, qu'il soit républicain, royaliste ou impérial, ressent une méfiance tout aussi grande à l'égard des collectivités locales qui bénéficient de beaucoup moins d'autonomie chez nous que n'importe où ailleurs.

La France a toujours vécu sous tension, dans des excès à répétition dont le plus connu s'appelle la Révolution française mais celui qui marque le plus, jusqu'à nos jours, pourrait bien être la Commune de Paris, moment que nous avons trop effacé de nos mémoires. En 1870, après que l'État s'est effondré, les élus de Paris se disent qu'un devoir de défense leur incombe. C'était noble, merveilleux. Il n'y avait d'ailleurs plus le choix mais, comme ils se disent que leur légitimité est un peu courte, ils refont une élection municipale qui met aux commandes l'élite de la classe ouvrière de l'époque et débouche, de fait, sur la formation d'un État ouvrier comme il n'y en aura jamais plus, nulle part.

Totale panique des possédants dans laquelle Thiers négocie n'importe quoi avec les Allemands, sans discuter, en en rajoutant même sur leurs demandes, pour pouvoir régler son compte à la Commune au plus vite, ce qu'il fait au prix de 25 000 tués, plus 25 000 émigrés. La classe ouvrière française est privée de tout commandement possible pour trente ans, au moment même où le sud de la Scandinavie, le nord de l'Allemagne, le Benelux, l'Angleterre et le nord de l'Italie découvrent le capitalisme, la dureté sociale, les grèves, voient émerger des syndicats et apprennent à négocier.

Le capitalisme français est ainsi né en dehors de toute nécessité de négocier avec les salariés qui n'ont plus de représentants. Résultat, il n'y a pas eu de partenaires pour l'édification sociale et, résultat du résultat, le statut d'un salarié scandinave ou allemand est pour moitié contractuel dans tous les domaines, et pour moitié légal pour ce qui est de l'essentiel alors que celui d'un salarié français dépend à 90 % de la loi. On ne pourrait pas faire pire car, de Philippe le Bel à l'écrasement de la Commune, l'État français s'est en conséquence substitué à la société civile. Il fait beaucoup plus de choses dans le détail quotidien que n'importe où ailleurs et tout cela rend les choses extrêmement difficiles car, en France, le rapport de force politique, par définition changeant, par définition conflictuel, prime le face-à-face et la négociation.

Michel Crozier a fait de cette découverte sociologique la clé du mal français, dans un bouquin d'il y a quarante ans, et la difficulté à gouverner la France, c'est un peu ça. Tout y devient immédiatement politique et, lorsqu'on passe par la politique, par la loi et le Parlement, on passe par du symbolique. On entre, autrement dit, sur chaque problème de gestion, dans la sottise ou la déraison.

Ce qu'on appelle « politique sociale » en France, ce n'est pas une négociation entre partenaires sociaux mais cette relation directe entre le gouvernement et le monde syndical, avec ces grandes messes au cours desquelles le Premier ministre doit recevoir, d'un coup, l'ensemble des confédérations. Or le taux de compétition entre nos syndicats petits et divisés (autre et extraordinaire exception française) est tel qu'on ne peut pas déboucher sur une esquisse de négociation quand on les rencontre tous à la fois. Un syndicat annonce – vous avez dû vivre ça, Alain – qu'on pourrait peut-être examiner tel sujet et les autres s'arrangent aussitôt pour le dénoncer, prendre des initiatives contraires et tenter de lui casser les reins.

La vraie négociation sociale, la bonne, celle que j'ai beaucoup pratiquée c'est le bilatéral discret avec l'espoir de déboucher dans pas trop longtemps mais sans jamais fixer à l'avance de date espérée. Dès que vous fixez une date, vous êtes foutus. C'est la faute majeure mais une erreur gouvernementale absolument constante. Il faut mener des négociations bilatérales et parallèles avec les différentes forces syndicales, prendre le temps qu'il faut et qui n'est pas quantifiable à l'avance, arriver à des procès-verbaux à peu près convergents et, quand vous avez obtenu cette convergence, vous pouvez alors, mais alors seulement, passer au global.

Et puis il y a la caisse de résonance médiatique. La France est un pays où l'habitude de basculer est telle, où la Révolution pèse encore tant sur nos imaginaires et nos comportements, que toute réforme fait peur et fait donc beaucoup de bruit dans les médias dès qu'elle est envisagée. Dès que vous en annoncez une, vous êtes dans l'arène, en combat singulier, dans un match politique ignorant le débat de fond au profit de l'évolution du score. Votre discours de 1995, Alain, en est le prototype. J'ai beaucoup cité le cas. Dans un seul discours, mon copain Alain a réussi à annoncer son intention de s'attaquer à quatre des plus belles bombes à retardement du dispositif social français...

A.J. : ... Il y en avait une de trop.

M.R. : ... Je dirais, moi, qu'il y en avait trois de trop car ma thèse est qu'on ne peut faire qu'une réforme à la fois. Il y avait, dans votre système, les retraites de la SNCF, le financement de la Sécurité sociale, une réforme de l'assurance-maladie et la régionalisation de la SNCF. Si vous avez en tête que toute annonce de réforme fait peur à tous ceux qu'elle concerne directement ou indirectement, cela donnait, pour vous, 7 millions de personnes qui sont descendues dans la rue et la suite, vous la connaissez mieux que moi : vous étiez mal...

A.J. : Belle fresque historique avec laquelle je suis globalement d'accord mais je discuterais quelques points. Vous dites qu'il n'y a pas de pays plus centralisé que la France mais je ne suis pas sûr que l'Angleterre ne le soit pas plus...

M.R. : ... C'est vrai pour les collectivités territoriales, mais pas pour toute la vie sociale.

A.J. : Deuxièmement, sur le poids de l'État, c'est globalement vrai. Crozier hier, Rosanvallon aujourd'hui, sont très clairs là-dessus mais ce serait une vue de l'esprit que d'imaginer que l'État serait absent de la politique économique dans d'autres pays, pourtant réputés pour pratiquer un libéralisme pur et dur. Il n'y a pas de pays plus interventionniste et protectionniste que les États-Unis d'Amérique...

M.R. : ... Vrai.

A.J. : Aux États-Unis, l'État intervient par le biais du gigantesque budget de la Défense, levier allègrement manié, et ce n'est pas tout. Dès qu'un lobby industriel se fait entendre, l'État temporise. Il intègre les pressions exercées sur le Congrès. En Allemagne, la consanguinité entre le pouvoir politique et la grande industrie est telle que l'État est loin d'être absent de l'économie. Il n'y a pas qu'en France que l'État soit interventionniste mais je prendrais la question différemment. Je ne crois pas du tout que la France soit allergique au changement et ingouvernable...

M.R. : ... Mais moi non plus.

A.J. : Je combats cette thèse car la France peut et sait changer. Elle a formidablement changé, continue de le faire et ne cesse pas de le faire. Michel Serres est très éloquent sur le sujet. Lors du dernier demi-siècle, notre pays a vécu un profond bouleversement dont le meilleur exemple est la spectaculaire réduction de la part de la population vivant dans l'espace rural. En 1950, on en était encore à 35 % de ruraux. Aujourd'hui, c'est moins de 3 %.

L'évolution des mœurs n'est pas moins frappante. Plus personne ne s'indigne aujourd'hui de voir des couples homosexuels convoler en justes noces. Le débat n'est plus de savoir si, mais quand on légalisera l'adoption par les couples homosexuels alors que ce débat-là n'aurait pas même été envisageable il y a encore vingt ans.

B.G. : ... Vous êtes en train de dire que vous êtes prêt à accepter la légalisation de l'homoparentalité ?

A.J. : Non, je ne le suis pas. J'adhère au mouvement de libéralisation des mœurs qui fait que l'homosexualité est aujourd'hui parfaitement admise mais, si j'ai commis l'erreur de voter contre le PACS, c'est parce que j'avais demandé, à l'époque, à Élisabeth Guigou de m'assurer qu'il n'ouvrirait pas la voie à l'homoparentalité. Elle ne pouvait pas le faire et c'est donc sans ma voix que le PACS est entré dans la loi. Le débat porte maintenant sur le mariage homosexuel, revendication que je comprends si peu que, lorsque des amis homosexuels m'invitent à leur mariage, je leur demande toujours pourquoi ils veulent singer les couples hétérosexuels et n'inventent pas autre chose, mais c'est un détail. Là où je bloque, c'est sur l'homoparentalité. J'ai beau être libéral, j'ai une part de conservatisme au fond de moi. Je continue à penser qu'un enfant a besoin d'un père et d'une mère. Je dis souvent à ma femme que je suis sans doute un vieux schnock, ce qu'elle pense d'ailleurs, pas en général mais sur ce point...

B.G. : ... Parce que votre femme, elle, admet l'homoparentalité ?

A.J. : Totalement, comme mes enfants auxquels elle ne pose aucun problème. C'est pour cela que je disais que cela viendra, par la force des choses, mais pour moi, non, ça ne passe pas et, lorsqu'on me dit qu'il vaut mieux qu'un enfant soit élevé par deux femmes, ou deux hommes, plutôt que de rester dans un orphelinat, je réponds qu'il y a des tas de familles hétérosexuelles qui veulent adopter des enfants et n'y arrivent pas. Peut-être est-ce une position très conservatrice mais je me demande ce que sera, dans dix ans ou quinze ans, une société dans laquelle une fraction assez significative d'enfants aura grandi avec deux mamans ou deux papas. Je me demande même si nous ne sommes pas des mutants. Je suis perplexe car, voyez-vous, même si je suis assez déchristianisé, il me reste un fond de culture chrétienne.

Évolution des mœurs ou pas, je n'encaisse pas ça et, parce que la vie est une chose sacrée, je n'encaisse pas non plus l'euthanasie. Je considère comme un progrès formidable que les femmes puissent décider d'avoir ou de ne pas avoir un enfant. Je suis profondément choqué que le christianisme considère qu'il y a du pêché dans la sexualité et que le coït a pour seule finalité de faire des enfants. La sexualité est aussi, bien évidemment, recherche du plaisir pour le plaisir. L'IVG ne me pose aucun problème et lorsqu'on se trouve – cela m'est arrivé – devant un agonisant qui souffre, hurle et demande qu'on le délivre, je dis au médecin, oui, allez-y... En revanche, l'idée qu'on légifère, comme ça, froidement, autour de la table pour déterminer, a priori, à quelles conditions on a le droit non pas seulement de « laisser mourir » mais de faire mourir, non ! Je n'ai pas non plus de sympathie pour les mères porteuses. Utiliser son corps pour porter l'enfant de quelqu'un d'autre, non : mon libéralisme a des limites. Le PACS, le mariage homosexuel, ça va, mais l'homoparentalité et les mères porteuses, non.

B.G. : Michel ?

M.R. : Je ne vais pas atterrir loin de vos conclusions mais j'ai peut-être une autre démarche. Mes relations avec une hiérarchie religieuse imposant des modes de vie sont nulles...

A.J. : ... J'ai eu du mal à m'en débarrasser mais je crois que c'est fait.

M.R. : Oui, mais ma chance est que le protestantisme, du moins quand il est minoritaire, a constamment eu une attitude plutôt positive sur les libertés. Il a admis la contraception bien avant toutes les autres formes de religiosité qui, à la seule exception de la mienne, sont un instrument d'hommes dont le principal objet est d'opprimer les femmes. Devant tous ces problèmes, mon attitude est déterminée par l'exigence de liberté, liberté qui est toujours avant tout, fondamentalement, celle de celui qui est différent. La conquête d'une nouvelle liberté a toujours été réputée dangereuse aux yeux des gens dits « convenables » qui tenaient la société en place mais l'idée d'attenter à la liberté personnelle est, pour moi, une espèce d'horreur et, bien que j'aie été d'abord pris au collet par l'apparition des mouvements de libération homosexuelle, bien que j'aie commencé par mal comprendre, voire mal tolérer cela, c'est avec cette idée que la liberté est toujours celle du différent que j'ai traité le problème. Je ne me sens en conséquence pas le droit de m'opposer à une revendication de statut social de gens qui ont une différence, en l'occurrence sexuelle. Le PACS, donc, bien sûr. J'en ai été un supporter enthousiaste. Le mariage, c'est plus surprenant car il est, quand même, vrai que se pose la question de savoir pourquoi les homosexuels tiennent à recopier un statut dont ils n'ont rien à faire et qui a été inventé par et pour les hétéros...

B.G. : ... Simple question de reconnaissance.

M.R. : Oui... Mais on pensait que le PACS y suffirait. Je l'avais pensé mais ma réponse c'est oui, d'accord, parce qu'il n'y a aucune raison d'entraver cette liberté dès lors qu'elle est revendiquée. Quant à l'homoparentalité, je ne vois pas non plus pourquoi je m'y opposerais puisque cette liberté que demande celui qui n'est pas comme moi est légitime au regard de nos valeurs et de notre constitution.

A.J. : Sauf qu'il y a l'enfant.

M.R. : Est-ce qu'il y a une réalité dans le fait que l'enfant a un besoin existentiel, génétique, d'avoir deux parents de sexe différent ? J'attends que la science, que la psychiatrie parle.

B.G. : Elle parle mais ne parle pas d'une seule voix.

M.R. : En effet, et je ne trouve pas dans ses messages quelque chose d'assez sûr pour proclamer l'interdiction de l'homoparentalité.

A.J. : Ni l'autorisation.

M.R. : Je ne suis pas sûr qu'il n'y ait pas, avec l'homoparentalité, une infériorisation du statut des enfants ainsi éduqués, mais je voudrais qu'on me le dise avec l'assurance d'une vraie recherche que nous n'avons pas encore. Ma référence à la liberté me conduit donc à dire oui. Sur l'euthanasie, je suis préfacier de *La Fin de vie*, le livre de Gilles Antonowicz. Le droit des vivants en bonne santé de martyriser quelqu'un qui est en train de mourir est tout de même épouvantable. L'état français du droit est que, si vous voulez vous suicider, vous pouvez acheter sur le marché un couteau, un pistolet ou vous jeter par la fenêtre, que personne n'est puni, dans les faits, pour avoir aidé un agonisant terrassé par la douleur à en finir avec son calvaire mais vous ne pouvez pas fournir les produits pharmaceutiques de la mort douce. Le suicide n'est pas pénalement réprimé, il est permis, mais si vous voulez vous suicider, ça sera de mort violente. Il y a là un vrai malaise.

A.J. : À l'hôpital, le médecin qui apporte la dose de morphine suffisante pour abréger les souffrances en sachant très bien que ça débouche sur la mort n'est plus sujet à poursuite pénale.

M.R. : Le droit a beaucoup avancé mais il ne permet tout de même pas la mort confortable. C'est ça le problème. Il y a encore un petit chouïa à faire pour que quiconque le veut puisse mourir tranquille en ayant accès à des services publics qui fournissent les moyens de l'aider.

B.G. : Des services publics ?

M.R. : Bien sûr ! Vous voudriez en plus soumettre ça au profit ?

A.J. : Je continue à penser qu'il ne faut pas légiférer plus avant mais faire confiance à la conscience professionnelle du médecin et à son accord avec la famille. Ce n'est pas au législateur de dire : « Voilà le moment où l'on débranche. »

M.R. : J'aime bien ce que dit Alain là mais cette responsabilité est lourde. Il faut que les législations fassent un petit pas de plus vers l'acceptation d'un laisser mourir sans douleur. Quant aux mères porteuses, même si c'est plus embarrassant, je n'ai pas de réaction de rejet absolu car il y a des cris familiaux de demande d'enfants qui sont d'une émotion réelle. Je ne me sens pas l'autorisation d'interdire, même si je sais que cela va très loin.

B.G. : Et vous vous sentez l'autorisation d'autoriser ?

M.R. : ... Peut-être bien.

B.G. : Revenons-en, Alain Juppé, à votre description du changement de la France : l'urbanisation, les mœurs... Quoi d'autre ?

A.J. : La condition féminine, évidemment. Il y a toujours des différences de salaire entre les hommes et les femmes mais une Française de ce début de siècle n'imagine plus ce qu'était la situation de sa grand-mère ou même de sa mère qui ne pouvait pas ouvrir un compte bancaire sans l'autorisation de son mari. La France n'est pas allergique au changement et lorsque de Gaulle dit, répondant à Raymond Aron, qu'on ne fait de réformes en France que dans les périodes révolutionnaires, ce n'est pas tout à fait vrai. Quant à la résistance au changement, oui, c'est vrai, personne n'aime modifier ses habitudes, mais ni plus ni moins qu'ailleurs. Est-ce qu'Obama a fait avancer sa réforme de l'assurance-maladie sur un chemin de roses ? Est-ce qu'il l'a fait voter facilement ? Est-ce qu'il n'a pas eu à se heurter à de puissants lobbies ?

Sans même parler de tentatives plus anciennes, cette bataille avait été entamée il y a vingt ans, sous Bill Clinton. J'étais alors aux États-Unis et je me souviens des *hearings* de Mme Clinton au Sénat, de la violence des conservateurs, des obstacles auxquels elle s'était heurtée et de la défaite qu'elle avait finalement essuyée. Il a fallu deux décennies aux États-Unis pour arriver à cette généralisation de la couverture médicale instaurée en France depuis la Libération. Peut-être sommes-nous, en fait, moins allergiques que d'autres au changement.

Autre mythe masochiste à détruire, le pourcentage de grèves dans le secteur privé n'est pas plus élevé en France qu'ailleurs en Europe. On a, certes, les cégétistes de la SNCF qui paralysent régulièrement les transports mais, dans le privé, les relations sociales ne passent pas forcément par la grève. Cette idée d'une France bloquée, arc-boutée sur ses statu quo et ingouvernable ne correspond simplement pas à la réalité et j'ajouterai qu'il y a des réformes qui réussissent. Michel Rocard en a réussi mais parlons aussi, puisqu'il l'a évoqué, de mon discours de novembre 1995.

J'avais reçu, la veille, un coup de téléphone de Nicole Notat qui m'appelait fréquemment et à laquelle j'avais envoyé mon texte à l'avance, ainsi qu'à André Bergeron. Elle m'avait dit : « Supprimez la phrase sur les régimes spéciaux de retraite et ça passera. » Ce n'était qu'une phrase qui se bornait à appeler à la discussion dans un discours de 15 pages et j'ai eu le tort de ne pas la supprimer. On a vu le résultat. La secrétaire générale de la CFDT avait raison mais, sur les quatre réformes que vous évoquiez, Michel, la réforme de la SNCF a été faite, la loi scindant Réseau ferré de France et la SNCF a été faite et la réforme sur l'assurance-maladie l'a également été. Contrairement à une idée reçue, je n'ai pas calé sur ce point-là. Les ordonnances ont été prises au printemps 1996 et si on transforme aujourd'hui les ARH, les Agences régionales de l'hospitalisation, en Agences régionales de la santé, les ARS, c'est parce que cette réforme a réussi. Si on discute tous les ans de la loi de financement de la Sécurité sociale, c'est parce que cette réforme est passée. Le processus est lent, difficile. Il faut parfois s'y reprendre à plusieurs fois mais, même sur les retraites, on y arrive et, aux États-Unis, ça n'a pas été plus rapide sur l'assurance-maladie, loin de là.

Regardez ce qui se passe dans nos universités. S'il y a un monde réputé allergique à tout changement, c'est bien celui-là mais, depuis cinq ou six ans, un vrai changement de culture s'y opère. On s'est aligné sur les cursus européens en faisant le LMD, licence, master, doctorat. On a créé les PRES, les Pôles de recherche de l'enseignement supérieur, pour essayer de convaincre nos universités qu'elles avaient intérêt à se regrouper car, vu de Toronto ou de San Francisco, Bordeaux 1, Bordeaux 2, Bordeaux 3, Bordeaux 4, ça n'existe pas. Il faut une université de Bordeaux avec une taille critique suffisante pour exister sur la scène internationale. On a ensuite très sensiblement augmenté les crédits pour l'enseignement supérieur et la recherche depuis quatre ans. On a fait la Loi sur la responsabilité des universités, la LRU et qu'est-ce qui se passe aujourd'hui ?

Beaucoup d'universitaires commencent à se demander : « Est-ce que l'autonomie ne serait pas, après tout, une bonne affaire ? Est-ce qu'on ne devrait pas s'engager dans ce processus ? Est-ce que l'argent privé qui viendrait financer nos laboratoires de recherche ne serait pas bon à prendre ? » Il y en a encore pour nous dire que le privé, c'est le diable et qu'il n'y a de vrai que le service public mais c'est en train de changer et je vois là un signe de cette adaptabilité de la société française qui fait que la réforme est difficile, qu'elle est longue, qu'elle mérite beaucoup d'explications, que tous les facteurs de blocage que vous avez évoqués subsistent en partie mais que ce n'est, finalement, pas pire qu'ailleurs car où est-ce plus facile ?

Peut-être dans des États non démocratiques. Peut-être est-il plus facile de gouverner la Chine que la France mais, outre que je n'en suis pas sûr du tout, si on se compare aux grandes démocraties évoluées, la difficulté n'est pas plus grande en France qu'ailleurs. Je force un peu le trait, par volonté d'optimisme et pour contrer cette thèse sur laquelle Bernard Guetta nous interrogeait mais nous ne sommes pas aussi figés qu'on veut bien le dire.

M.R. : J'aime bien cette tirade, mais cernons le problème. Si nous voulons éviter les blocages, il faut que la réforme, les évolutions sociales, relèvent moins du législatif et de batailles politiques frontales où se jouent des mythes, et beaucoup plus du contrat social, de patients échanges entre les corps sociaux entre eux et avec le pouvoir politique.

Quand je suis nommé Premier ministre, les signaux d'alerte se multiplient sur les retraites. Tous les experts, tous ceux qui travaillent sur les chiffres et tous les politologues commencent à marteler que la France va crever de ses retraites et qu'on ne peut plus attendre pour agir. J'avais de bonnes raisons d'avoir peur d'un sujet aussi explosif mais j'ai conçu une stratégie en quatre étapes. La première a été de chercher à construire un consensus sur le diagnostic et j'ai donc négocié, pas avec la CGT qui ne voulait pas, mais avec la CFDT, Force Ouvrière, la CGC et le CNPF, l'idée de confier l'établissement de ce diagnostic au Commissariat au Plan.

Ça s'est appelé le Livre blanc sur les retraites mais, avant de le publier, je l'avais soumis aux partenaires sociaux et accepté d'enlever quelques phrases pour ne pas leur faire de peine. J'ai alors lancé la deuxième phase, celle du dialogue sur ce diagnostic, d'où la Mission du dialogue sur les retraites, présidée par le secrétaire général des cadres Force Ouvrière, Robert Cottave. Il était entouré de trois conseillers d'État fort experts et leur mission était que, sous deux ans, plus un seul responsable syndical, même local, n'ignore les chiffres et ne puisse ou ne veuille les nier. On y est arrivé. On aurait ensuite pu passer aux décisions, c'est-à-dire à la négociation des mesures à prendre, mais j'ai été un peu vite remercié par François Mitterrand et mon successeur, Mme Cresson, avait pour principe que pour bien gouverner il fallait faire le contraire de ce qu'avait fait Rocard…

A.J. : … Ça, c'est un peu la règle.

M.R. : … Oui, mais c'est dommage car Edith Cresson a mis un terme au dialogue sur les retraites. Bien plus tard, Édouard Balladur a pu profiter du climat créé par le boulot de la Mission pour faire passer, par décret, en plein mois d'août, les quarante ans dans le secteur privé. Bon… Il a eu raison de le faire. C'était mûr, mais je regrette que cela ait déconsidéré le syndicalisme ouvrier qui était prêt à s'engager dans la négociation pour la réforme bien qu'il ait su qu'on ne pourrait pas réformer sans y perdre quelque chose.

B.G. : Si la France n'est pas ingouvernable, si elle n'est pas plus rétive que d'autres aux changements, si elle change autant que vous le dites, Alain Juppé, et pourrait changer encore plus vite par ces patientes négociations que vous prônez, Michel Rocard, pourquoi la France a-t-elle si mauvaise opinion d'elle-même ? Pourquoi les Français ponctuent-ils toutes leurs critiques de leur pays par ce fataliste « C'est la France !... C'est les Français !... », qui est devenu un refrain national ?

A.J. : C'est une question qui me turlupine. Lorsque vous regardez les eurobaromètres, ces enquêtes périodiquement lancées par Bruxelles sur la situation dans les différents États membres, quel est aujourd'hui le plus pessimiste des pays d'Europe ? C'est la France.

M.R. : Et de beaucoup !

A.J. : Pas d'un ou deux points mais de 20 ! Face aux délocalisations, face à la mondialisation, face au monde moderne...

M.R. : ... Face à l'économie de marché, aussi. Les Français sont moins favorables à l'économie de marché que les Chinois...

A.J. : ... Les Français sont de 20 points plus inquiets que la moyenne des Européens et à tel point que beaucoup d'entre eux disent avoir peur de se retrouver SDF dans les années qui viennent. C'est incroyable ! Et, parallèlement, le médiateur de la République, Jean-Paul Delevoye, publie un rapport dans lequel il dit que « le peuple français est psychiquement fatigué ». Il y a un climat, d'autant plus étrange que, lorsque l'IFOP demande à ces mêmes Français : « Est-ce que vous êtes heureux de vivre là où vous vivez, dans la ville où vous êtes installés ? », ils répondent, en moyenne, « oui » à 80 % : « Oui, je suis bien dans ma ville et suis heureux d'y vivre » et ce pourcentage, pardon de le dire, est de 96 % à Bordeaux. D'un côté, il y a cette formidable peur de l'avenir et, de l'autre, une très profonde conscience qu'on vit bien en France. Je ne vais pas tout mettre sur le dos des médias...

B.G. : La profession y est habituée... Allez-y...

A.J. : Non, je ne le fais pas car nous sommes bel et bien face à une angoisse, sourde et non exprimée, devant le bouleversement du monde.

B.G. : Et pourquoi plus en France qu'ailleurs ?

A.J. : Alors ça... Je ne sais pas. Peut-être parce que nous sommes plus sensibles que d'autres aux évolutions du monde, que nous les percevons mieux et ressentons plus profondément qu'on entre dans une période où il va falloir s'adapter à une situation où nous ne sommes plus le nombril du monde, où le centre de gravité est en train de se déplacer et que nous avons la trouille devant un phénomène qui remet en cause bien des situations acquises. Peut-être... Mais je ne réponds pas, là, à votre question : pourquoi nous, plus que d'autres ? Peut-être parce que les Français se sont crus plus que d'autres au cœur du monde.

B.G. : Ils ne l'ont pas cru à tort. De la France de Louis XIV, première puissance européenne, à la France gaulliste et à sa diplomatie de grande puissance singulière, de la Révolution française à Bonaparte, la France a très longtemps eu une place à part. Elle a longtemps parlé au monde dont elle a souvent été la locomotive.

A.J. : Pour aller dans votre sens, le fait est que lorsque Giscard a déclaré qu'avec 1 % de la population mondiale nous étions « une puissance moyenne » il a créé un choc dans le pays. Tous les gaullistes, et je n'ai pas dû échapper à la règle, lui sont tombés dessus : « Mais non ! Nous sommes une grande puissance... » C'est lui qui avait raison, mais en partie seulement car la France garde un rayonnement supérieur à son poids relatif bien que ce soit, peut-être, en train de changer.

M.R. : Je commence vraiment à paniquer car, pour préserver notre autorité intellectuelle respective dans chacun de nos milieux, faudrait quand même qu'on s'engueule un peu...

A.J. : ... On compte sur vous.

M.R. : ... N'oublions pas, dans l'explication de cette angoisse française, ce poids de l'État dont nous parlions à l'instant. La France a été le pays où l'État a le plus directement pris en main la vie de tous les jours. Les bureaux de tabac comme l'école du village, c'était lui. C'est le ministère de l'Intérieur qui a dessiné le réseau ferroviaire en se souciant moins de l'acheminement du fer du Rhin ou du charbon du Nord que de la possibilité d'envoyer de Paris, en 24 heures, la gendarmerie ou même l'armée dans n'importe quelle sous-préfecture. En France, l'européisation et la mondialisation ont donc érodé un État qui pesait beaucoup plus que partout ailleurs et les Français sont, en conséquence, plus désorientés que les autres par ces phénomènes qui d'ailleurs se confondent dans leur esprit.

A.J. : C'est très juste, et c'est pour cela que le sentiment d'impuissance du politique est plus fort chez nous qu'ailleurs car Washington, par exemple, n'a jamais été ressenti comme porteur de quelque chose d'essentiel au fin fond de la Californie alors que Paris... Je ne développe pas.

M.R. : Autre dimension du problème, sur laquelle Daniel Cohen m'a fait mettre le doigt : l'effondrement de 1940. Dès avant guerre, il y avait des sondages. L'IFOP a été créé en 1935. Les Américains en faisaient bien avant et, à l'époque, les Français donnaient les mêmes réponses que le reste du monde à la question : « Êtes-vous bien dans votre pays ? Avez-vous envie d'émigrer ? » Le grand tournant, c'est juin 1940 car la France perd, d'un coup, son leadership, la foi dans son armée, sa dignité, le sens de sa grandeur…

B.G. : … Virtuellement son empire.

M.R. : L'empire, en effet, et le sentiment surtout d'être à peu près gouvernée. C'est un peu surprenant, mais le fait est que, soixante-dix ans plus tard, on ne s'en est pas remis. Nous sommes dans une situation où, pour répondre à une attente, les gouvernements affirment une prééminence de l'État ou laissent y croire mais, comme elle n'est pas confirmée par les faits et qu'elle l'est moins que jamais en cette période de crise générale, tout ramène à ce sentiment de désarroi né de 1940 car, si nous n'avons pas été les seuls à être envahis, la plupart des autres avaient leur gouvernement en exil, des dirigeants élus qui incarnaient la dignité nationale…

A.J. : … On a un peu purgé ça en 1958, en ramenant celui qui avait évité le pire en 1940, mais l'argument est bon. Il n'y a pas eu beaucoup de Pétain en Europe.

M.R. : L'occupation a été bien moins brutale en France qu'ailleurs, qu'aux Pays-Bas par exemple. D'une certaine manière, nous avons profité de Vichy mais l'effondrement puis la collaboration ont disqualifié les responsables de l'histoire du pays et toute son élite.

B.G. : Si la semi-dépression française a des causes aussi anciennes et profondes, où puisez-vous, Alain Juppé, votre foi dans les capacités de rebond de la France, dans l'enthousiasme et l'énergie des Français ?

A.J. : Il y a d'abord la jeunesse française. J'ai récemment participé à un débat sur l'innovation devant un auditoire de 300 élèves ingénieurs de l'Institut polytechnique de Bordeaux. Je les ai trouvés formidables. J'ai vraiment senti chez eux un solide optimisme. Ils avaient une inquiétude sur leur avenir, bien sûr, sur leurs possibilités de trouver du boulot à la sortie, mais, en même temps, une volonté de créer et de s'engager. À la fin, il y en a un qui m'a demandé : « Si je trouve un job à l'étranger, qu'est-ce que vous me conseillez ? » Je lui ai répondu, du tac au tac : « Partez et revenez », et ils se sont mis à applaudir.

« Partez », parce qu'il ne faut jamais laisser passer une occasion de voir ce qui se passe autour de nous. Dans nos générations, l'année à l'étranger, ça n'existait pas. C'est une chance formidable que nous n'avons pas eue et que beaucoup d'entre eux utilisent aujourd'hui à fond. Partez, donc, enrichissez-vous de l'expérience des autres et revenez après, parce qu'on aura besoin de vous et que vous vous direz aussi, expérience faite, que ce n'est pas si mal la France, dans bien des domaines, y compris celui de la solidarité et de la protection sociale. Nous avons de jeunes entrepreneurs qui sont à la pointe dans l'économie numérique et l'économie verte. L'une et l'autre se développent en France. Notre jeunesse est tout, sauf dépassée par le siècle. Sa créativité est un considérable atout qui s'ajoute à ce dont on me parle tout le temps aux États-Unis : les infrastructures françaises, nos routes, nos ponts, nos trains, nos écoles, nos aéroports, notre système de santé – bref, cet équipement du pays qui est également un formidable avantage dans la compétition internationale et auquel il faut ajouter ce réveil de l'Université française que j'ai déjà évoqué.

B.G. : Est-ce que ça suffit ? Il y a ces atouts, mais les PME françaises sont très faibles, voire relativement inexistantes...

M.R. : ... Les moyennes entreprises le sont, pas les petites...

A.J. : ... Michel a raison. Nous avons un fort tissu de petites entreprises. Les petites entreprises moyennes, moins de 500 salariés, existent en France et sont souvent extrêmement créatrices. On le voit sur le terrain. Ce qui est faible, c'est ce qu'on appelle maintenant l'entreprise de taille intermédiaire, « l'ETI », la grosse PME, de 2 000, 3 000, 4 000, jusqu'à 5 000 salariés, qui fait la richesse de l'Allemagne et lui donne sa capacité d'exportation. C'est là qu'est l'avantage des Allemands, dans ces entreprises moyennes mais de grande taille, très présentes sur les biens d'équipement, dans des secteurs répondant parfaitement à la demande des pays émergents qui ont besoin de machines-outils.

B.G. : Non seulement nous ne sommes pas présents sur ces marchés-là mais les grandes entreprises nationales qui faisaient la fierté de la France et sa force à l'international sont désormais très concurrencées. Le TGV n'est plus un monopole français...

M.R. : ... Doucement ! On n'a pas encore beaucoup vu celui de Siemens...

B.G. : ... Nous ne sommes plus les seuls, ni forcément les meilleurs, sur le nucléaire civil...

A.J. : ... C'est vrai : les Coréens s'y mettent...

M.R. : ... Ils s'y sont mis, mais il nous reste quinze ans d'avance.

B.G. : Le fait est que nous ne sommes plus les seuls, qu'une avance peut vite se perdre et que nous serons de moins en moins seuls, aussi, dans l'aviation puisque Boeing reprend du poil de la bête, que les Russes redressent la tête et que les Chinois et les Brésiliens s'y sont mis. Nous avons de solides bases mais le monde bouge, plus vite que nous.

A.J. : Si vous voulez dire qu'aucune situation n'est à jamais acquise, d'accord. Cela n'existe évidemment pas mais ce que nous avons essayé de faire voir, Michel et moi, dans notre travail sur le grand emprunt, c'est qu'à partir des bases qui sont les nôtres, et à condition de remettre la gomme sur la recherche, l'innovation et le transfert de technologies, nous pouvons garder des positions fortes. Sur l'aviation, Louis Gallois, le patron d'EADS, faisait le même constat que vous lorsque nous l'avons reçu. Il nous a dit qu'EADS et Airbus ne feraient pas toujours la course en tête, que ça ne durerait pas si nous ne nous mettions pas à l'avion de la nouvelle génération, celui qui consommera moitié moins de kérosène, fera moitié moins de bruit…

M.R. : … Et qui pèsera moitié moins lourd.

A.J. : Cet avion, nous pouvons le construire. Deuxième exemple, nous travaillons déjà, dans le nucléaire, sur le réacteur de la nouvelle génération qui peut, là aussi, nous donner un avantage compétitif. Tout ne va pas de soi, bien sûr. Nous avons, par exemple, un problème de réorganisation de notre filière électronucléaire qui n'est pas performante et s'est fait battre par les Sud-Coréens à Abu Dhabi. Ce n'est pas notre seul handicap mais, pour l'essentiel, nous avons la compétence. Dans ces grands domaines, la base industrielle est là et, pour peu que nous sachions investir massivement dans l'innovation et la recherche, mon optimisme n'est pas infondé. Il n'est ni naïf ni utopique.

M.R. : Il l'est d'autant moins que vous n'avez pas épuisé la colonne des actifs. La France est une puissance nucléaire. Nous le sommes devenus par nos propres forces, et en gagnant une guerre de services spéciaux contre les Anglais et les Américains qui s'étaient juré de nous en empêcher. Je ne sais pas s'il y eut des morts sur la route, mais on n'en était pas loin et les conflits ont été absolument gigantesques. Deuxièmement, nous sommes membre permanent du Conseil de sécurité, un cadeau de Churchill, une précaution des Anglais qui voulaient tout de même rééquilibrer par rapport aux Américains qui se disaient, de leur côté, qu'ils auraient besoin d'un peu d'alliés face à Staline qui allait devenir dangereux. Ce n'est pas que notre participation à la victoire ait été si grande mais, voilà, nous sommes l'un des cinq permanents du Conseil. Aucun dossier international ne nous est étranger. Notre voix compte sur tous les continents. Cela a conservé à notre diplomatie une connaissance et une expertise du monde parfaitement remarquables. Le nombre de touristes, venus de partout, qui visitent la France ne fait pas non plus d'elle une inconnue des autres Terriens et il nous reste, en plus, des confettis de l'Empire, Martinique, Réunion, Guadeloupe, Guyane, Nouvelle-Calédonie, Polynésie, etc., qui font que la France est, entre autres, frontalière du Brésil...

A.J. : ... Avec une frontière qui est une passoire.

M.R. : Pour l'anecdote, il y a un petit bistrot brésilien qui fait son chiffre en deux jours par mois, quand le RMI arrive en Guyane, mais ça veut dire quoi ? Ça veut dire que la France est partout présente et que le monde entier le sait, pas seulement nos diplomates. La France est poly-continentale. Elle garde un tropisme vers l'universel alors même que son État ferme les lycées français à l'étranger. J'étais aux limites des larmes quand on a fermé celui de Beyrouth car c'est grâce à lui que le français est resté si vivant dans les élites moyen-orientales mais ce tropisme demeure et nous donne un énorme avantage.

C'est grâce à lui que nos spécialistes du monde arabo-musulman comptent parmi les meilleurs et sont partout consultés et écoutés. C'est grâce à lui que nous avons l'outillage, un bien meilleur outillage que le reste du monde, pour comprendre ces problèmes mondiaux que sont, aujourd'hui, le chômage, la bulle financière, le réchauffement climatique, le terrorisme, les futures relations avec la Chine et l'Inde, 45 % de la production mondiale dans moins de trente ans… Rien de tout cela ne sera traité sans qu'on le pense, et la France, pays d'emmerdeurs mais fascinant pays, y est infiniment mieux préparée que beaucoup d'autres.

B.G. : États-Unis compris ?

M.R. : Les deux tiers des parlementaires américains n'ont pas de passeport. Ce morceau du monde qui commande le monde ne le fréquente pas. C'est une autre culture et je n'en ai pas fini avec nos atouts. N'oubliez jamais qu'une économie forte n'est pas seulement faite d'industries et de services mais, aussi, d'agriculture, que nous sommes la deuxième puissance agricole mondiale, première ou deuxième, ça varie, en exportations agroalimentaires et probablement la première puissance en connaissance de l'agriculture tropicale et en recherche agricole. Montpellier est une ville où il y a une demi-douzaine de centres de recherche et d'écoles qui ont ça pour métier et nous restons des apporteurs considérables en ce domaine.

Ça compte ! Cela suppose une masse de contacts, de relations, de champs de recherche, de contrats et ce n'est encore pas tout. Je dois dire que j'ai vécu notre aventure du grand emprunt comme une formidable spéléologie des grottes cachées de la société française, de ses réservoirs de connaissance et de maîtrise des savoirs de demain. C'était éblouissant, bien que nous ayons, en France, un problème tout à fait particulier qu'illustre une comparaison avec la Corée du Sud. Nous avons la même population, quelque 60 millions d'habitants des deux côtés. Nous déposons, chaque année, le même nombre de brevets d'invention mais il y a huit fois plus de licences d'application déposées en Corée du Sud que chez nous. Là, nous ne sommes pas bons. C'est sérieux. C'est grave mais il n'y a pas de freinage de l'intellect en France. Nous gardons toutes nos possibilités et, sur le continent européen, nous sommes le seul pays avec l'Irlande qui renouvelle ses générations, dont la population ne se réduise pas et même progresse.

C'est un avantage complètement gigantesque, qui commence à être perçu, maîtrisé et même géré, alors que l'horizon proche, pour tout le reste de l'Europe, pour la Grande-Bretagne, pour l'Allemagne et l'Autriche avant tout, pour la Scandinavie largement, pour l'Espagne où la situation est franchement alarmante, c'est le vieillissement. Les décideurs y deviennent et y deviendront toujours plus vieux, dans les entreprises, les tribunaux, les armées, la politique, la fonction publique... C'est terrifiant, mais les deux pays d'Europe qui sont à l'abri de ça, c'est l'Irlande, si elle sort de sa crise, et nous, mais nous, avec une autre dimension. Cet atout démographique est aussi un atout pour notre recherche, nous permettant de multiplier les accords scientifiques avec d'autres pays qui connaissent la qualité de nos labos et savent que nous ne devenons pas un pays de vieillards.

Nous avons un devoir de correction de nos travers historiques mais je suis d'un optimisme peut-être encore supérieur à celui d'Alain car tout cela fait un extraordinaire combiné. La Chine comme l'Inde ont de hautes intelligences, des milieux et des secteurs de pointe, d'excellents ingénieurs capables d'inventer. C'est à des médecins indiens que je dois d'avoir survécu à une hémorragie cérébrale mais ces pays-continents et tellement dynamiques, qu'ont-ils d'autre, autour de ces îlots d'excellence ? Des routes défoncées et une population mal formée, souvent à la limite de l'analphabétisme. En admettant même que la Chine ne connaisse pas de soubresauts, il leur faudra bien un demi-siècle pour surmonter cela alors que la France, Alain le disait, a l'un des meilleurs réseaux d'infrastructures du monde – d'Europe, donc du monde. Quand elle arrive à provoquer l'étincelle, elle la crée dans un climat immédiatement porteur, immédiatement consommateur et reproducteur.

Cela fait toute la différence. Ce n'est pas rien et je n'en ai pas fini avec les raisons d'optimisme. Il y a encore quarante ou cinquante ans, quand *Fortune* publiait son inventaire annuel des 100 plus grandes entreprises mondiales, on n'y trouvait pas une seule entreprise française, zéro française, alors qu'il y en a, maintenant, une quinzaine et qu'elles ont progressivement changé de nature. Ce fut d'abord nos entreprises publiques, SNCF, Électricité de France, l'aviation, mais les privées, Axa, Danone, Rhône-Poulenc ou Saint-Gobain commencent à dominer. Nous sommes probablement le pays d'Europe qui en met le plus gros paquet dans les 100 premières mondiales. Un pays comme l'Italie n'aura jamais d'énergie nucléaire, n'aura jamais de transports rapides, parce qu'il a massacré son secteur public et n'y croit même plus. Le drame de la Grande-Bretagne est que Mme Thatcher y ait assassiné l'investissement public et que ce pays n'ait maintenant plus d'industrie, moins de 10 % de population manufacturière. La chance de la France, à l'inverse, est que le secteur public nous ait préservés de Milton Friedman, du père de l'idéologie du tout marché, inspirateur de

Margaret Thatcher et de Ronald Reagan. L'État avait des ingénieurs qu'il a soutenus et nous avons le nucléaire, les transports rapides, l'espace, l'électricité, qui passent ou sont désormais passés au secteur privé mais continuent d'armer notre économie dans la compétition internationale.

Reste cette tranche des grandes PME sur laquelle nous sommes toujours nuls mais la France a des chances que je crois énormes, à condition – je le répète – de penser le monde. Si nos prochaines élections présidentielles se font sur les bordures de trottoir et les conflits de mitoyenneté, si elles oublient le reste du monde, alors là, oui, nous serons en danger de devenir un pays de seconde zone, un pays foutu.

A.J. : Bon… Ce n'est pas encore là que nous allons diverger mais j'insisterais sur trois points. Le premier est que l'une de nos plus grandes difficultés est bien résumée par une phrase que nous avons entendue au cours de nos auditions du grand emprunt. « Quelle est la différence entre la recherche et l'innovation ? » nous a demandé l'un des intervenants avant de répondre : « La recherche, ça consiste à mettre de l'argent pour trouver des idées, et l'innovation, à prendre ces idées pour faire de l'argent. » En France, nous savons mettre de l'argent pour trouver des idées, mais nous ne savons pas prendre ces idées pour faire de l'argent.

Deuxième point, cette place assez miraculeuse de la France sur la scène internationale, ce poids politique qui est totalement hors de proportion avec ce que nous pesons économiquement et démographiquement parlant, je peux en porter témoignage, comme ancien ministre des Affaires étrangères. Au Conseil de sécurité des Nations unies, la France joue un rôle tout à fait capital, en tant que membre permanent, naturellement, mais surtout parce qu'elle a cette capacité de susciter des consensus. Ce n'est pas simplement un héritage historique. Elle est attendue et, quand elle s'exprime, elle est entendue car elle sait parler à tout le monde. Elle a un rayonnement dû à sa réputation – espérons que cela durera – de ne pas être le porte-parole des autres, de personne et, en particulier, pas des États-Unis. On l'a vu au moment de l'affaire irakienne qui nous a, sans doute, coûté cher mais au cours de laquelle un nombre considérable d'États de la planète sont venus nous dire : « Vous dites tout haut ce que nous pensons tout bas »...

M.R. : ... Je peux me permettre un mot là-dessus ? La France aurait gardé cet avantage même sans faire autant de bruit et sans être aussi déplaisante ou discourtoise qu'elle l'a été.

A.J. : Peut-être. Si vous lisez bien le discours que j'avais fait à l'Assemblée nationale, au nom de mon groupe, vous y trouverez une petite phrase qui va un peu dans ce sens, mais ce poids, nous l'avons. Troisième point, maintenant : on dit toujours que les Français sont en complet divorce avec leurs gouvernants et leurs élites mais, aux États-Unis, quel est le taux de participation électorale ? Est-il infiniment supérieur à celui de la France ? Non. Il ne l'est pas. Il est même autrement plus bas qu'en France et ce malaise de la démocratie n'a, autrement dit, rien de spécifiquement français. Il n'y a pas lieu de s'en réjouir ou de minimiser le problème mais cessons de répéter que cette fracture serait plus grave en France qu'ailleurs.

Sur le tourisme, Michel l'a évoqué, nous sommes la première destination au monde et, même si nous sommes parfois plus un pays de passage qu'un pays de séjour, c'est un formidable atout économique dont je vois tous les bénéfices dans ma ville et ma région. Sur les grandes entreprises, j'abonde dans votre sens car nous en avons plus que l'Allemagne et la Grande-Bretagne sur la liste des 100 premières mondiales.

En ce domaine, nous sommes bel et bien le premier pays européen. Ce n'est pas précisément une marque de déclin et, outre que nous avons la meilleure école mathématique du monde – rien que ça ! – nous avons des chercheurs qui sont tout à fait en pointe, en médecine, comme on le sait, mais en matière aussi d'énergie solaire pour ne donner qu'un autre exemple. Cette peinture du monde dans laquelle tous les autres ont tous les atouts et nous aucun ne relève donc que de la plus mauvaise des caricatures.

Nous avons des atouts, nous avons des problèmes. Les autres aussi ont des atouts mais ils ont aussi des problèmes, notamment la Chine qui pourrait bien être un géant aux pieds d'argile. On peut s'en sortir et l'une des meilleures manières que nous ayons de le faire est de ne pas jouer nos atouts seuls mais avec nos partenaires européens car l'évidence est que nous ne pèserons dans le monde de demain que si nous sommes capables de redonner du sens et du souffle à la construction européenne.

B.G. : En attendant l'Europe, comment remet-on de l'ordre dans les finances de la France sans risquer de la plonger dans la déflation ?

A.J. : Ce sera extrêmement compliqué. L'une des réponses, dit-on, serait d'inscrire dans la Constitution, comme les Allemands l'ont fait, qu'on n'a pas le droit de dépasser un niveau d'endettement ou de déficit supérieur à un pourcentage donné du PIB. Je ne suis pas contre, mais je n'y crois pas trop. Cela ne consisterait qu'à se faire plaisir et on expliquera, à la première crise grave, que des circonstances exceptionnelles font qu'il n'y a plus d'autre moyen que de violer la Constitution. La nécessité comme la facilité l'imposeront. Il n'y aura personne ou presque pour s'y opposer et il suffit, pour s'en convaincre, de voir ce qui s'est passé avec le Pacte de stabilité et de croissance au respect duquel tous les États qui ont adopté l'euro s'étaient, pourtant, obligés par traité. Là aussi, il y avait des pourcentages de déficit et d'endettement au-delà desquels on ne devait pas aller et qu'est-ce qui s'est passé ? Tout le monde s'est affranchi de cette règle sous le coup de la crise financière et même, en réalité, bien avant. On a maintenant beaucoup de mal à y revenir et cette idée d'obligation constitutionnelle n'est donc pas la panacée, même si ça peut faire bien dans le paysage.

M.R. : Alain est un peu réticent à cette idée mais je le suis, moi, très fortement car je n'aime pas qu'on mélange les genres. Tout ce qui est économique est fluide, variable, flexible avec des chiffres dont on a du mal à imaginer ce qu'ils pourraient devenir dans un avenir incertain. Se coller une obligation constitutionnelle ne serait qu'une difficulté de plus, un empêchement de plus à agir.

A.J. : C'est aussi mon sentiment.

M.R. : D'autant qu'on ne change pas la Constitution aussi facilement qu'on ne le croit. Il n'y aurait là qu'un alibi politique, un faux-semblant dont je ne veux à aucun prix.

A.J. : Je ne connais, pour ma part, que quatre moyens d'essayer de maîtriser les déficits. Le premier, c'est la croissance, baguette magique par excellence car, lorsqu'elle repart, des dépenses comme l'indemnisation du chômage et certaines prestations sociales diminuent mécaniquement tandis que des recettes comme l'impôt sur les sociétés, la TVA ou l'impôt sur le revenu augmentent tout aussi mécaniquement. Pour le coup, c'est la panacée mais c'est supposer le problème résolu car comment y arrive-t-on ? Comment passe-t-on de ce point et demi de croissance auquel nous nous traînons aujourd'hui aux 3 % que demanderait l'équilibre de nos finances ?

Le deuxième outil, c'est l'inflation, sport qu'on a beaucoup pratiqué dans les années 1970 et, surtout, 1980. Il revient un peu à la mode. On se dit qu'un peu d'inflation aiderait à réduire la dette mais le problème est qu'on ne sait pas mettre de limite solide entre un peu et trop d'inflation et que ce sont les plus modestes qui souffrent le plus de la dévaluation de la monnaie. Difficulté supplémentaire, nous ne disposons plus, avec la monnaie unique, de la possibilité de jouer sur les taux de change. La Banque centrale européenne veille au grain et, sauf à nous fâcher définitivement avec les Allemands, ils ne laisseront pas faire ce genre de manipulation.

Reste un troisième outil qui est, évidemment, la baisse des dépenses publiques. J'ai bien entendu ce qu'en disait Michel, « pas de déflation par une contraction forte des dépenses ». Je partage cette crainte. Je n'ignore pas le danger mais il faut pourtant continuer à tailler dedans parce qu'il reste des marges de manœuvre importantes et que la RGPP, la Révision générale des politiques publiques, n'a pas donné tous ses effets. Cette piste est à poursuivre mais le problème est qu'on ne trouvera pas, là, les 100 milliards qu'il nous faut et qu'on voit, surtout, les obstacles qui se dressent sur cette voie puisque toute réduction du nombre de policiers, d'infirmières ou d'instituteurs suscite des oppositions et que les dépenses de personnel, premier poste du budget, restent ainsi difficiles à diminuer.

Quant au quatrième outil, c'est la recette, autrement dit l'impôt, et je dis d'emblée qu'on ne fera pas l'économie d'une remise à plat de notre système fiscal visant à le rendre à la fois plus juste et plus performant, plus équitable pour les contribuables et plus rentable pour l'État. Cela soulève, également, toute une série de questions mais voilà, en quelques phrases, les quatre moyens dont on peut jouer pour rétablir nos finances.

B.G. : Et il n'y a que sur le quatrième qu'on puisse jouer vite et pas trop difficilement...

A.J. : Non, pas du tout. Ce n'est pas ce que je dis. On peut retrouver un point de croissance et l'un des moyens de le faire est d'utiliser, comme nous l'avons proposé Michel et moi, les 35 milliards du grand emprunt à des investissements d'avenir qui nous redonnent compétitivité et capacité de croissance. Pour les raisons que j'ai dites, je ne crois pas trop à la piste de l'inflation, pas plus qu'à la limitation constitutionnelle de l'endettement, mais je continue de penser, en revanche, qu'il y a des marges à gagner dans la dépense.

Un exemple : les communes ont des services de construction pour bâtir des écoles ; les départements en ont pour bâtir des collèges ; les régions en ont pour bâtir des lycées et l'État pour contrôler les autres et bâtir des universités. Est-ce qu'il n'y aurait pas, là, un peu de rationalité à introduire ? Il y a toujours de grandes économies à faire, même si c'est douloureux pour tout le monde, même si cela me rend moi-même un peu schizophrène puisque je prône cet effort tout en ayant récemment protesté, avec Hubert Védrine, contre la diminution des moyens dont dispose le Quai d'Orsay pour assurer le rayonnement culturel et linguistique de la France. J'ai envie que nous soyons plus présents sur ce terrain-là. Je suis navré de voir qu'on ferme des instituts culturels en Allemagne, en Italie, un peu partout, mais je sais en même temps qu'on n'arrivera pas à remettre de l'ordre dans nos finances si on ne comprime pas la dépense.

Et puis enfin – enfin et non pas seulement – je ne pense pas qu'on puisse ni doive éviter de bouger sur la fiscalité. Il faut y réfléchir. Il y a des tas de pistes. Je suis ouvert à toutes les idées et l'une de celles que je trouve bienvenues serait de moduler l'impôt sur les sociétés en fonction de ce qu'elles font de leur bénéfice. Si elles le réinvestissent, on pourrait le taxer moins que si elles le distribuent. En ce qui concerne l'impôt sur le revenu, je ne serais pas du tout chagriné qu'on instaure une tranche de 50 % sur les hauts revenus, à condition que cela ne frappe pas les classes moyennes supérieures mais vraiment les hauts revenus. Sur la même lancée, il y aurait une réflexion à avoir sur l'impôt sur la fortune et je constate, aujourd'hui, que de plus en plus de gens le pensent et le disent. J'ai déjà proposé qu'on exonère la résidence principale et peut-être faudrait-il aller plus loin. Manuel Valls, un ami de Michel Rocard, un socialiste, propose de s'engager vers la pure et simple suppression de l'ISF...

B.G. : Ce n'est pas ça qui remplirait les caisses.

A.J. : Non, mais ça permettrait de dire qu'on supprime le bouclier fiscal...

B.G. : ... Vous le souhaiteriez ?

A.J. : Je ne le souhaite pas dans l'absolu. L'idée de limiter à 50 % le prélèvement de la collectivité sur les revenus de l'individu a du sens mais, dans la cadre d'une remise à plat générale, oui, pourquoi pas ? Il serait parfaitement envisageable, voire souhaitable, de le supprimer si cela s'accompagnait d'une suppression de l'ISF et d'une augmentation de l'impôt sur le revenu avec l'instauration d'une tranche à 50 %. J'observe, d'ailleurs, que cette idée a été beaucoup reprise depuis que je l'ai avancée dans les colonnes du *Monde*, qu'elle est devenue une hypothèse de travail pour le gouvernement et qu'il est très possible, voire probable, qu'elle prenne corps. Je m'en réjouis, mais il y aurait, parallèlement, d'autres réflexions à mener – sur la retenue à la source afin d'essayer de mieux faire accepter le prélèvement fiscal ; sur les idées de TVA sociale et de TVA verte et, plus généralement, sur le « verdissement » de notre fiscalité, sur la façon, notamment, d'intégrer au système d'imposition une taxe carbone comprise et acceptable.

En 1995, j'ai été confronté à un déficit de 5,6 % du PIB et je suis repassé à 3,6 % en deux ans. On n'a pas dévalué le franc pour ça. On n'a pas, non plus, fait d'inflation. On a, d'une part, coupé dans les dépenses et, de l'autre, créé des recettes en déplafonnant l'impôt sur la fortune et en augmentant un certain nombre d'autres impôts, notamment la TVA dont la hausse a été accompagnée d'une baisse des charges sociales. C'est ce qui avait été appelé « la ristourne Juppé ». On alimentait les caisses de l'État avec deux points de TVA supplémentaires mais on allégeait, dans le même temps, les coûts salariaux ou, du moins, les charges pesant sur les salaires. Je pense que ça n'a pas été sans incidence sur le retour d'une croissance soutenue à partir de 1998-1999.

Cette piste de la TVA sociale serait sans doute à rouvrir car que cherchons-nous à faire là ? On essaie d'imaginer un impôt qui taxe les produits importés par la France mais détaxe les produits qu'elle exporte, qui ne pénalise donc pas la compétitivité de nos entreprises. C'est tout le mécanisme de la TVA, d'une TVA verte en l'occurrence.

Je n'ai de point de vue définitivement arrêté sur aucun de ces chapitres fiscaux mais il faut mettre tout ça sur la table et discuter tout aussi sérieusement d'une adaptation de notre système social qui pourrait également aider au rééquilibrage des finances publiques.

B.G. : À vous écouter, on entend quand même beaucoup que le levier fiscal serait l'un des plus faciles et des plus rapides à actionner. Est-ce aussi votre opinion, Michel Rocard ?

M.R. : Non, il n'est pas facile à manier et ce n'est d'ailleurs pas ce qu'a dit Alain...

A.J. : ... Je n'ai pas dit que c'était facile et, moins encore, rapide. J'ai dit qu'il fallait réfléchir à la structure même de notre système fiscal et cette réflexion sera nécessairement longue et difficile.

M.R. : Il n'y a sans doute rien de plus difficile à modifier que l'impôt. Dans les relations entre un gouvernement et le Parlement, la fiscalité est le morceau le plus dur et le plus résistant de tous, l'histoire de l'introduction de la TVA le montre bien. Il y avait une extraordinaire intelligence dans son invention. Elle a énormément facilité le décollage économique mais, quand elle a été proposée, personne n'en a voulu. Au tout début des années 1950, deux gouvernements au moins avaient fait des tentatives aussitôt recalées par le Parlement. Elle a finalement été introduite par le président de la Commission des finances de l'Assemblée nationale qui a convoqué les chefs de groupe et tous les grands manitous de l'époque pour leur dire : « On a compris. Vous n'en voulez pas, d'autres en veulent mais, comme c'est nationalement indispensable, je suis prêt à slalomer entre tous vos empêchements. » En 1953, on a donc fait une TVA dont étaient exclus l'agriculture, le petit commerce, l'hôtellerie, les cafés et restaurants, les énergéticiens, le bâtiment... Ce doit être à peu près tout mais cela ne faisait pas loin de la moitié de l'économie française. On est parti comme ça, sur des bases contraires à ce qu'il fallait faire puisque cet impôt était d'autant plus efficace et commode à appliquer et faire accepter qu'il y avait un taux unique et que tout le monde était dans l'affaire.

Les premiers qui ont compris, ce sont les producteurs d'énergie, parce qu'ils se sont aperçus, juste après avoir fait voter contre et avoir obtenu leur exclusion, que ça les empêchait de défalquer fiscalement leurs investissements dans de nouvelles raffineries et...

B.G. : ... Vous êtes entre inspecteurs des Finances... Peut-être qu'un peu de pédagogie...

M.R. : Avant la TVA, il existait un impôt général sur la dépense, une taxe à la consommation que tout vendeur de quoi que ce soit ajoutait à sa facture pour la reverser à l'État. Entre les fournisseurs d'énergie ou de semi-produits, le fabricant, le grossiste et le détaillant, tout cela s'accumulait en une cascade de taxes. Le coup de génie de la TVA a consisté à permettre à tout vendeur de déduire de la taxe sur la consommation celles qu'il avait lui-même payées, en amont, à ses propres fournisseurs. Chacun n'est ainsi plus taxé que sur la richesse qu'il a lui-même créée, sur sa valeur ajoutée, et les producteurs d'énergie, pour en revenir à eux, ont finalement compris qu'ils pourraient se faire rembourser les taxes payées sur leurs investissements, la création de nouvelles raffineries en l'occurrence. La TVA était ainsi un encouragement à l'investissement. Les producteurs d'énergie se sont retournés dans les deux ans. Le bâtiment a suivi assez vite, sur des besoins de mécanisation, et on a, bien sûr, terminé par l'agriculture et le petit commerce.

Il y a fallu une dizaine d'années en tout. Il faut dix ans pour faire un changement fiscal majeur et je ne saurais oublier que le président de la Commission des finances qui a initié ce mouvement en 1953 s'appelait Pierre Mendès France. Ce n'était pas exactement n'importe qui et il a fait bouger, avec ce vote, 7 à 8 % du PIB de l'époque. Nous n'avons plus jamais réussi ensuite à en faire bouger même la moitié moins. La seule création fiscale de quelque ampleur qui vient après, la seule, c'est la CSG, la Contribution sociale généralisée. Elle a fait bouger 1,1 % du PIB mais m'a fait perdre 10 points dans les sondages et ma candidature à la présidence de la République.

Je n'ai aucun regret. C'est douloureux, mais il fallait le faire. Tous les partis qui avaient voté contre juraient qu'ils l'aboliraient sitôt revenus au pouvoir et devinez quoi ? Ils l'ont tous conservée.

A.J. : J'ai fait la même expérience avec la Contribution pour le remboursement de la dette sociale, la CRDS…

M.R. : … Bien sûr ! C'est la règle, mais pourquoi ne l'aviez-vous pas tout simplement incluse dans la CSG ?

A.J. : Parce qu'elle était provisoire…

M.R. : Ah !…

A.J. : La Sécurité sociale avait 100 milliards de francs de déficit et nous avions donc créé cette Contribution de remboursement de la dette sociale pour dix ans avec une Caisse d'amortissement de la dette sociale, la CADES. Tout le monde, à gauche, a évidemment crié au scandale. La gauche s'était engagée à la supprimer mais, non seulement Jospin n'a pas supprimé la CRDS, mais il l'a pérennisée. Nous la payons toujours et le Parlement vient de la prolonger une fois de plus.

M.R. : En matière de fiscalité, l'expérience montre qu'on ne fait guère bouger les choses à plus de 0,5 % du PIB par an. C'est la raison pour laquelle il faut une grande continuité d'inspiration, une ténacité permettant de marcher dans la même direction, avec souplesse mais sans reculer. La grande idée sur laquelle beaucoup de gens réfléchissent aujourd'hui est le rétablissement d'un impôt unique sur le revenu mariant la CSG et l'impôt sur le revenu des personnes physiques, l'IRPP. Elle pourrait probablement donner du mieux en incitation à produire, en intelligence fiscale et en acceptation de l'impôt.

A.J. : Je ne l'ai pas citée mais c'est, bien sûr, une piste.

M.R. : Ça voudrait dire, en gros, que la base de l'impôt sur le revenu serait...

A.J. : ... Serait proportionnelle...

M.R. : ... Proportionnelle au premier euro pour tous les revenus puisque la CSG y serait incluse et, naturellement, progressive ensuite, pour la part supérieure des revenus, comme l'IRPP l'est déjà. Et tout cet impôt unique sur le revenu, il faudrait pouvoir le prélever à la source, vous le disiez, car nous sommes le dernier pays à ne toujours pas avoir été fichu de le faire. J'ai beaucoup insisté pour y arriver mais, en trois ans à Matignon, je me suis cassé le nez là-dessus. Vous, c'était deux ans et demi ? Trois ans ?

A.J. : Deux ans, mais tout le monde y a échoué.

M.R. : Un des arguments qu'on m'opposait était l'agriculture. Il restait, alors, dans toute l'administration fiscale, 27 bons spécialistes de l'imposition des activités rurales et agricoles mais ils avaient peur des gros chiens et n'avaient donc pas envie d'aller jouer les inquisiteurs dans les fermes alors qu'il aurait fallu le faire pour pouvoir imposer les agriculteurs à la source. Résultat, ils sont restés au forfait collectif, qui est un drame, une passoire, et le prélèvement à la source reste à organiser pour tout le monde.

C'est une priorité mais la plus grande urgence est de s'attaquer à l'imposition générale des entreprises. Il nous faut absolument arriver à une fiscalité protectrice de l'art de produire et non pas prédatrice...

B.G. : ... Elle l'est aujourd'hui ?

M.R. : Elle peut l'être. Une fiscalité ne protège l'art de produire que si elle respecte un revenu décent du producteur et n'exerce pas de pression limitatrice sur la préservation et la croissance de l'outil de production. Elle est, à l'inverse, prédatrice si elle pressure le revenu au point de pousser le producteur à changer de métier et pèse sur le capital productif au point d'en entraver la croissance, voire le renouvellement. C'est toute la taxation des entreprises qui est à repenser aujourd'hui, en incluant les taxations locales dans cette réflexion. Je ne sais pas quel sera l'écho de la réforme en cours de la taxe professionnelle. Il en restera sans doute un progrès pour les entreprises, moins de freins à leur développement, mais je crains que l'État, en retirant à nouveau un pouvoir d'imposition aux collectivités territoriales et en leur versant une indemnité compensatrice dont le montant est fixé à Paris, ne rogne encore, du même coup, leur autonomie dans la fixation de leurs ressources. Or ces dernières assurent actuellement les trois quarts de tout ce qu'on appelle l'investissement public.

Tuer leur autonomie, c'est dangerosissime pour leur contribution à l'investissement global dans l'avenir parce que nous héritons, en plus, de sociétés dans lesquelles des raisonnements trop exclusivement commerciaux biaisent notre façon de penser et qu'il n'y a pas de croissance s'il n'y a pas un système d'éducation qui ne marche pas trop mal, si le système de transports va mal et si la sécurité devient tellement incertaine qu'ouvriers et employés ont peur sur le chemin du boulot et prennent des détours. L'investissement public fait partie de la préparation de la société à une croissance meilleure, et on en aura d'autant plus besoin que tout ce qui est écologique va nous amener à remettre en cause notre géographie urbaine et foncière. Cela m'amène à dire que je suis, moi, pour la suppression de l'ISF, carrément.

B.G. : Pourquoi ?

M.R. : Parce qu'il est incitateur à l'exode fiscal, que pénaliser le résultat profitable des entreprises est dangereux et que cette pénalisation est trop forte. Il faut supprimer l'ISF, en inscrivant cette mesure dans une complète modification de l'imposition des sociétés. Actuellement, leur capital n'est pas imposé et, comme une forte proportion d'entre elles se déclare déficitaires, l'impôt sur les sociétés devient une punition pour celles qui marchent bien et une rente de situation pour celles qui marchent mal. C'est d'autant moins admissible que le résultat d'une entreprise est extraordinairement volatil. Leur système d'imposition interdit donc toute prévisibilité, complique leur gestion et les surtaxe les bonnes années qui devraient être des occasions de rebond et de croissance.

Tout cela est pervers. Il serait beaucoup plus sain de les taxer sur la valeur de leur capital puisque leurs bénéfices y sont intégrés, que l'impôt serait beaucoup mieux réparti entre celles des entreprises qui sont performantes et celles qui ne le sont pas, et qu'il n'y aurait, dès lors, plus de nécessité de taxer le capital des actionnaires par l'ISF puisqu'il le serait, en quelque sorte, à la source par l'imposition du capital des entreprises, filiales comprises, bien sûr. Dans une telle approche, il n'y aurait plus à conserver qu'un ISF extrêmement minime dont le seul intérêt serait de combattre la fraude en permettant à l'administration fiscale d'être informée de la nature et du montant des capitaux et biens susceptibles de produire des revenus.

A.J. : Puisque nous nous rejoignons sur l'idée de supprimer l'ISF, je voudrais développer la réponse que vous avez faite à Bernard Guetta. Il est vrai, d'abord, que l'ISF incite à l'exil fiscal. Deuxièmement, il n'y a pratiquement plus de grands pays développés qui conservent un impôt de ce type. Tout le monde l'a supprimé là où il a existé et, troisièmement, je le trouve, pour ma part, intellectuellement choquant.

Qu'on vous taxe sur ce que vous gagnez, impôt sur le revenu, impôt sur le bénéfice, d'accord, mais qu'on vous taxe sur ce que vous possédez, même si les biens en question sont non productifs, ce n'est plus logique ni juste car ces biens ont déjà été taxés dans les différentes phases de leur accumulation.

Je ne reviendrai pas sur le cas du paysan de l'île de Ré dont le champ tombe sous le coup de l'ISF parce qu'on s'arrache, autour, le moindre bout de terrain pour en faire des résidences secondaires. Ni sur le cadre moyen supérieur qui a acheté un appartement à Paris et qui se retrouve à devoir payer l'impôt sur la fortune en raison de l'envolée des prix immobiliers. Le problème est qu'on taxe tout en France. On taxe la détention du capital par l'ISF ; la transmission du capital par les droits de succession et les droits de mutation et on taxe même la plus-value que vous réalisez à la revente alors que le prix du bien que vous allez acquérir n'a pas moins augmenté que celui du bien que vous cédez.

Il faut choisir. On ne peut pas tout imposer. C'est pour cela que je pense que l'ISF est un mauvais impôt, dans son principe même, mais il est devenu un tel symbole qu'il est extraordinairement difficile d'y toucher. Cela étant dit, je constate, Michel, que nous nous retrouvons sur beaucoup de points dans l'approche du dispositif fiscal. Je ne cherche pas forcément le consensus mais, comme vous, je considère que notre fiscalité demande une remise à plat, que sa réforme ne sera ni rapide ni facile et qu'elle n'est en conséquence pas le facteur d'ajustement de nos déficits en 2011 et 2012. Je n'en pense pas moins – et j'imagine que c'est votre cas – que, lorsqu'on nous dit, en haut lieu, qu'on ne touchera pas au prélèvement fiscal en France et qu'on trouvera d'autres moyens de rétablir nos grands équilibres, ça ne tient pas la route.

D'une manière ou l'autre, à titre exceptionnel, en raison de la crise et en essayant de faire en sorte que cela ne pénalise pas trop l'investissement, on sera obligé de jouer sur le curseur fiscal, pas au niveau de 100 milliards, mais d'en jouer avec d'autres leviers que j'ai évoqués tout à l'heure et sans tuer pour autant la poule aux œufs d'or. Ça me paraît incontournable, même si je me tire un peu plus dans le pied en le disant, même si mon image du Monsieur qui augmente les impôts en sera encore renforcée.

M.R. : Je le pense aussi. On ne s'en sortira pas sans ça mais une remarque à ce propos. Un peu partout dans le monde, on procède à des sondages sur le rapport des gens avec leur gouvernement et le bonheur qu'ils ont, ou n'ont pas, à vivre dans leur pays. Or où s'exprime, depuis une vingtaine d'années et de manière absolument constante, le record de satisfaction ? Dans les trois pays scandinaves et aux Pays-Bas, c'est-à-dire dans les quatre pays les plus imposés de la planète.

Il se trouve que ces pays sont petits et plus faciles à gérer. Il se trouve que la société y a donc plus de capacité à vérifier qu'elle en a pour son argent, que l'impôt n'est pas vain mais rapporte à tous et que les investissements sont là, dans l'enseignement, les transports ou l'urbanisme. C'est visible et du coup ces sociétés valident car l'impôt, aussi lourd soit-il, leur apporte une indispensable qualité de vie qu'elles n'ont pas le sentiment de payer trop cher. Nous mettrons beaucoup de temps à obtenir que les Français se rendent compte que l'État marche mieux ou qu'il rend ce genre de services, mais ce qui est sûr, c'est qu'il n'y a pas d'espoir dans l'avenir de notre société avec une baisse de la fiscalité. Nous avons sous-estimé, depuis vingt ans, tous nos besoins collectifs.

B.G. : En un mot, vous êtes tous deux d'accord sur l'idée qu'il faut augmenter l'impôt, à condition d'introduire plus de justice et d'intelligence dans la fiscalité.

A.J. : Plus d'incitation, aussi, à la compétitivité. C'est fondamental. C'est la croissance qui se joue là mais j'ajouterai une chose à ce que vient de dire Michel. On répète constamment que nous aurions le record du monde des prélèvements mais ce n'est pas exact. Nous avons le record du monde de la dépense publique qui représente 54 % du PIB mais les gouvernements successifs ont procédé à des allègements d'impôt et on est aujourd'hui, chiffre de 2008, à un taux de prélèvement obligatoire de 42,8 % et non pas de 54 %.

M.R. : Exact !

A.J. : C'est moins élevé que dans les pays scandinaves. C'est le 4e ou 5e du monde mais ce n'est pas le plus élevé.

M.R. : Même la Belgique est au-dessus de nous mais revenons sur ce concept de « dépenses publiques » car il y a là une escroquerie idéologique.

A.J. : Je connais votre thèse…

M.R. : Oui, mais il est important de clarifier les choses. Nous sortons de la période où Milton Friedman et les néolibéraux avaient convaincu le monde que l'État était de trop, qu'on n'avait pas besoin de règles et qu'il fallait, à tout prix, déréglementer et réduire l'impôt. On sort de ces fadaises depuis le krach de Wall Street mais elles continuent de marquer les esprits et c'est sur cette toile de fond, l'horreur de l'État, qu'on martèle ce pourcentage de dépenses publiques, non seulement en le confondant trop souvent avec le taux de prélèvements, comme vous venez de le rappeler, mais en oubliant de dire qu'on inclut là-dedans toute l'activité des entreprises restées publiques en France, même de l'enseignement qui est rarement privé dans notre pays. On met tout et n'importe quoi derrière ces deux mots – dépenses publiques – y compris notre Sécurité sociale, au motif qu'elle est publique alors que chacun sait bien que les systèmes privés sont beaucoup plus sélectifs, beaucoup plus inégalitaires et protègent moins bien. Mieux encore, le sous-entendu de cette escroquerie est que, puisque les entreprises en question sont publiques, le consommateur paierait beaucoup plus cher alors que ce n'est pas du tout vrai, notamment pas pour l'électricité. Ce concept de « dépenses publiques » ne sert, en fait, qu'à s'attaquer aux services publics et à donner une mauvaise image, de mauvais gestionnaires dispendieux, aux pays qui se refusent à passer au tout marché.

A.J. : Votre constat n'est pas récusable. Quand on dit que la dépense publique est inférieure de 20 % aux États-Unis, on oublie que, là-bas, lorsque vous envoyez votre gamin dans une bonne université, vous payez des droits considérables, des dizaines de milliers de dollars par an. Princeton, Harvard, etc., ce n'est pas de la dépense publique aux États-Unis et il est donc vrai que les pourcentages sont difficilement comparables. Cela étant dit, ce ratio présente l'avantage de mesurer le poids de la sphère publique dans une économie, ce qui n'est pas inutile car on peut et doit discuter de ce poids. Quel est le meilleur moyen de fournir les services indispensables à un pays ? Est-il mieux de recourir à la Sorbonne ou à une université privée, comme Harvard ? À la SNCF ou aux sociétés ferroviaires privées des États-Unis ? La réponse est complexe, variable, loin de toute caricature et de tout simplisme.

M.R. : Et c'est un débat complètement différent dont l'interférence avec le précédent est parfaitement toxique.

B.G. : Revenons sur les quatre leviers d'Alain Juppé. Le point de croissance à gagner, c'est très difficile ; les économies budgétaires ne le sont pas moins ; l'inflation, c'est dangereux et la réforme de la fiscalité, vous venez de le dire l'un et l'autre, c'est une dizaine d'années…

A.J. : … Non. On peut procéder à des ajustements conjoncturels.

B.G. : Peut-être, sans doute, mais la remise à plat que vous appelez de vos vœux, c'est une décennie, disait Michel Rocard.

A.J. : Une décennie, je ne sais pas mais, oui, c'est un long travail.

B.G. : Cela signifie donc que le prochain président de la République, quel qu'il soit, même l'un de vous, ne pourra pas faire grand-chose en cinq ans.

M.R. : Attention ! Quand vous partez de Brest vers les États-Unis, en bateau, un degré de compas de différence, c'est 120 kilomètres de distance entre les points où vous arrivez à l'autre bout. Autrement dit, une marge extrêmement minime à coût terme change beaucoup de choses sur quelques années. C'est la continuité qui joue. Les gouvernements de la IVe République avaient réussi à mettre en place la TVA parce qu'il y avait une continuité de pensée, une continuité administrative que les gouvernements successifs ont respectée. Nous sommes aujourd'hui dans un affrontement gauche-droite qui respecte beaucoup moins l'héritage intellectuel de l'autre. Il y a une fierté de faire différemment qui a cassé beaucoup de choses.

A.J. : Ce qui compte, c'est de changer la pente de la courbe. Pour l'instant, le déficit augmente de manière continue et l'essentiel est d'inverser la courbe. De 1995 à 1997, pardon d'y revenir, on l'avait inversée, y compris celle de l'endettement. Je ne dirais pas qu'on ne peut rien faire en cinq ans ou même d'ici 2012. Il faut agir, montrer qu'on s'attaque sérieusement au problème, même s'il est vrai qu'on ne règle pas tout en un mandat.

Je prends un exemple sur lequel j'imagine que Michel Rocard ne sera pas d'accord mais le non-remplacement d'un départ à la retraire sur deux dans la fonction publique, c'est très difficile, très impopulaire, mais il y a là un effet boule de neige sur la dépense publique, à court et moyen terme, et ça on peut le faire malgré l'émotion que cela provoque, y compris chez moi.

B.G. : L'homme de gauche est-il d'accord avec cette réduction d'effectifs dans la fonction publique ?

M.R. : Hélas oui ! Temporairement, mais oui car nous n'avons pas une relation assez établie et confiante entre l'administration et le gouvernement pour éviter une loi aussi sommaire, aussi brutale, et qui aboutit parfois, ici et là, à n'importe quoi. Nous n'avons pas créé de relations sociales assez bonnes pour que ce soit fait de manière sélective, examen de poste par examen de poste. Il faut donc bien un peu de brutalité là-dedans et je vais ajouter une horreur beaucoup plus lourde encore.

Dans le débat sur les déficits et la fiscalité, nous traitons de deux problèmes à la fois. Le premier, c'est la masse des ressources apportées par l'impôt et le second est sa tolérabilité. Cette capacité qu'a un impôt à être accepté ou non est fondamentale et c'est pour cela que la question de la TVA est centrale car il est, de ce point de vue, catastrophique qu'on ait laissé accréditer l'idée qu'elle serait injuste. Elle est du coup gérée avec une espèce de honte, une bien trop grande retenue, et j'ai considéré comme un drame social effroyable que, lorsque l'Europe a voulu faire quelque chose en matière fiscale, c'est à la TVA, à son harmonisation à la baisse, qu'elle se soit attaquée au lieu de s'atteler à l'imposition des entreprises pour la rendre comparable de pays à pays. L'urgence était là.

C'est là que se jouait la « concurrence non faussée » qu'exigent justement les traités dans un marché commun alors qu'il ne fallait pas harmoniser la TVA à la baisse puisqu'on ne la sent pas, puisqu'elle est tolérable car intégrée aux prix. Son augmentation est, au contraire, souhaitable, une vraie possibilité dans la conjoncture actuelle.

B.G. : Vous ne pensez pas, non plus, Alain Juppé, que la TVA soit un impôt injuste ? Il n'est pas injuste que les plus pauvres la paient au même taux que les plus riches ?

M.R. : Si, mais ils n'achètent pas les mêmes choses.

A.J. : La structure du budget d'une femme de ménage n'est pas du tout la même que celle des dépenses d'un cadre supérieur et les produits de première nécessité, comme l'alimentation, sont beaucoup moins taxés que les produits de luxe. La TVA ne pèse pas de la même manière sur les plus riches et les plus pauvres mais, je le reconnais, elle est globalement un impôt proportionnel et non pas un impôt progressif, et tout le monde l'acquitte à peu près au même niveau.

B.G. : C'est la définition même d'un impôt injuste.

M.R. : Non, vous ne pouvez pas dire ça, c'est trop simple.

A.J. : C'est trop simple et, en tout état de cause, il n'y a pas d'impôt absolument idéal. S'il en existait un qui soit à la fois très efficace économiquement et, socialement, parfaitement juste, l'art de gouverner ne serait pas aussi difficile. La TVA est économiquement intelligente. Elle est neutre sur l'investissement, neutre sur la compétitivité extérieure de la France et neutre sur le coût du travail. Elle taxe les chaussettes chinoises qui rentrent en France et pas les Airbus qui s'en vont en Chine. Elle a une élasticité assez forte, un rendement qui l'est aussi. Elle est assez facile à moduler.

C'est l'un des impôts qui présente le meilleur rapport inconvénient-avantage mais elle est extrêmement impopulaire car, lorsque Michel dit qu'elle est indolore, oui et non... Chaque fois que vous allez au restaurant, que vous achetez une chemise ou une voiture, la facture indique la TVA et l'impopularité de l'impôt grimpe.

B.G. : On en est à quatre – quatre points d'accord entre vous sur le fait que la France ne détiendrait pas le record du monde de l'imposition, sur la nécessité de réduire le nombre de fonctionnaires, sur l'idée qu'il ne faudrait pas baisser les impôts mais les augmenter, au contraire, et sur les avantages maintenant de la TVA. D'autres convergences ?

A.J. : Probablement... La directrice des études économiques de la banque HSBC, Mme Lemoine, écrivait l'année dernière dans *Le Monde*, que ce n'était qu'en vertu d'une idée toute faite qu'on considérait que le coût global du travail était très supérieur en France à celui de l'Allemagne et de beaucoup de nos voisins et que cela expliquerait notre manque de compétitivité et nos difficultés à exporter...

M.R. : Et ce n'est pas vrai ! Nous en sommes d'accord.

A.J. : Ça ne l'est pas, nous en sommes d'accord. Nos charges sociales sont plus élevées que les charges sociales allemandes mais les salaires français sont très sensiblement inférieurs, de l'ordre de 25 % parfois, aux salaires allemands. Quand vous totalisez le salaire et les charges, la France n'a donc pas un coût du travail plus élevé que l'Allemagne.

M.R. : Ce n'est pas seulement qu'il ne soit pas plus élevé. Il est même inférieur à celui de l'Allemagne.

A.J. : Non seulement de l'Allemagne mais aussi de la plupart des autres pays européens les plus développés.

Il n'y a pas de quoi danser de joie car il vaudrait mieux avoir de meilleurs salaires et des charges mieux maîtrisées. C'est un grand chantier, long, difficile mais la TVA sociale dont je parlais tout à l'heure, une TVA destinée à résorber les déficits des comptes sociaux, permettrait en attendant d'augmenter un peu nos salaires sans amoindrir encore notre compétitivité par un renchérissement du coût du travail.

B.G. : Donc, cinq points de convergence.

A.J. : Peut-être six car j'aurais une proposition à faire à Michel. J'ai été intéressé par ce que vous avez dit sur l'ISF mais, si tout le monde est désormais d'accord pour estimer que cet impôt est absurde et antiéconomique...

M.R. : ... Pas tout à fait tout le monde, il a toujours des défenseurs chez moi.

A.J. : Et, chez moi, beaucoup n'osent pas s'y attaquer mais n'est-ce pas un parfait exemple de la nécessité de bâtir un consensus droite-gauche pour dire ensemble pourquoi il faudrait supprimer l'ISF ? Non ? J'aurais envie de rêver cinq minutes... Je dois rêver...

M.R. : Ce qui me paraît clair, c'est que la perspective d'une réforme fiscale globale, pas seulement la suppression de l'ISF, demanderait de la durée qui passe par la recherche d'un consensus négocié auquel il faudrait obligatoirement associer les partenaires sociaux. Nos partis politiques ne représentent pas grand monde. Ils sont extrêmement faibles et, même si les syndicats le sont aussi en France, ils ont tout de même une tout autre puissance.

B.G. : Vous rendez-vous compte, Alain Juppé, de l'effet que cela ferait si droite et gauche se mettaient d'accord pour supprimer l'ISF, hors remise à plat complète du système fiscal ?

A.J. : Non pas hors, mais dans le cadre de cette remise à plat.

B.G. : C'est sur l'ISF que vous proposiez de bâtir un consensus.

A.J. : Oui, mais il n'est qu'un élément d'un puzzle que j'ai décrit et qu'un élément aussi des réformes fiscales esquissées par Michel. Quoi qu'il en soit, ce n'est pas mûr, ni pour les amis de Michel ni pour les miens qui considèrent que toucher à ce symbole, c'est la bombe à coup sûr.

B.G. : Fin de votre rêve mais revenons alors sur ce premier instrument de rebond qu'est la croissance. Je sais bien qu'elle ne se décrète pas, mais vous la placiez en tête de liste et n'avez rien dit des moyens de la relancer...

A.J. : Elle se décrète si peu qu'il est difficile d'avancer, là, des idées novatrices. Je n'ai pas de solution toute faite, globale, définitive, mais notre première difficulté est de savoir comment restaurer une compétitivité, restaurer des conditions de concurrence avec le reste du monde qui nous permettent de reconquérir des positions, d'abord, sur le marché intérieur puis sur les marchés extérieurs. Dès lors que ce n'est pas le coût global du travail qui nous plombe, la première chose est qu'il serait préférable d'avoir des charges moins lourdes et des salaires plus élevés, d'inverser la proportion puisque de meilleurs salaires, c'est évidemment des gens qui consomment davantage. Et la consommation reste un facteur de croissance décisif...

B.G. : Vous prônez une augmentation des salaires ?

A.J. : ... Dit comme ça, c'est un peu rapide... Mais, sur le fond, oui. D'un côté, on ne peut pas se résigner au niveau de rémunération des catégories sociales les plus modestes ; de l'autre, sauf à encore aggraver nos difficultés, on ne pourra pas augmenter les salaires sans stabiliser les charges, sans avoir, autrement dit, rendu notre système de protection sociale plus efficace et plus performant. C'est un énorme défi car il n'y a pas que les retraites. Il y a l'assurance-maladie dont le déficit continue à se creuser. Il y a la politique familiale et il y a, en plus, un nouveau défi à relever, celui de la dépendance qui contraindra inévitablement, on n'y coupera pas, à aller vers d'autres cotisations ou vers un système d'assurance individuelle obligatoire. Ce sera très difficile, pour vous comme pour nous.

B.G. : Je vous interromps mais, justement... Vous vous êtes tant démarqués, l'un et l'autre, de Milton Friedman et, en creux, de Hayek, l'autre grand théoricien du libéralisme, que je voudrais me faire leur avocat, un instant et contre moi-même. Lorsqu'ils disent que la protection sociale crée des trappes à pauvreté, qu'elle enferme dans des statuts d'assistés ou que l'existence même des indemnités de chômage conduit leurs bénéficiaires à ne pas chercher un autre emploi que celui qui était le leur et à préférer une allocation à un salaire moindre que celui qu'ils avaient, n'y a-t-il pas là une part de vérité ? Peut-on totalement ignorer ces arguments ?

M.R. : On peut plaider cela en termes proprement macroéconomiques mais, humainement, c'est parfaitement scandaleux. Lorsqu'une société n'arrive pas à donner de l'emploi à tous ses membres, cela ne relève pas de la responsabilité individuelle de ceux qui en sont privés. Ces exclus du travail ont une dignité. Ils ont un conjoint, des enfants, une famille et, oui, un statut professionnel auquel ils sont parvenus et qu'ils sont fondés à vouloir préserver. L'idée qu'on puisse l'ignorer et les laisser dans la difficulté ne pourrait se justifier que si on leur imputait une part de responsabilité dans leur drame, ce qui ne pourrait se faire qu'en vertu d'un mensonge et d'une inhumanité qui rendrait la société inacceptable. En quoi un salarié licencié serait-il responsable d'une délocalisation, d'une mauvaise gestion de son entreprise ou d'une recherche de profit excessive par les actionnaires ?

Les arguments des libéraux ne tiennent pas la route une seconde, même si je peux convenir qu'il y a, dans le sous-détail de beaucoup des réglementations de la protection sociale, un art de lutter contre l'installation dans l'assistanat qu'on n'a pas toujours ardemment recherché. On a trop accepté, par exemple, le renouvellement des allocations de chômage malgré trois ou quatre refus d'emplois proposés alors que les Suédois, eux, n'ont jamais rien fait de pareil. Au troisième refus, et cela depuis la création de leur système d'assurance-chômage, les Suédois perdent le droit aux indemnités mais, dans le même temps, les Scandinaves dépensent, en pourcentage du PNB, de l'ordre de trois fois ce que nous dépensons pour la formation professionnelle. Cela fait toute la différence et justifie leur rigueur.

B.G. : Vous ne voyez rien de choquant, voire d'absurde, à ce que les allocations familiales soient les mêmes pour des foyers de très bas et de très haut revenu ? Pourquoi les accorder à des familles qui disposent de 8 000, 10 000, 12 000 euros par mois ?

M.R. : C'est un problème tout à fait différent dont j'admets, moi, qu'il se pose. Il ne serait pas du tout inconcevable de mettre les allocations familiales sous plafond de ressources ou de les rendre, au moins, inversement proportionnelles aux revenus, mais la grande question n'est pas là.

La grande affaire est de savoir si nos sociétés vont pouvoir préserver, avec une croissance moindre, un degré humainement nécessaire de protection sociale, garant d'une harmonie sociale sans laquelle on va au désordre généralisé. On peut recréer les « classes dangereuses », comme on disait au XIXe siècle. On l'a d'ailleurs déjà fait avec nos immigrés mais il serait tragique, totalement inadmissible, de vraiment revenir à cela après avoir mis un bon demi-siècle à nous en sortir. Il n'est sans doute pas équitable que les allocations familiales ne tiennent pas compte des revenus mais, si la France a une chance d'avenir, sa forte natalité, que presque tout le reste de l'Europe n'a plus, c'est que nous avons une politique sociale qui encourage à faire des enfants, et pas seulement avec ces allocations.

Nous scolarisons à 95 % les mômes à partir de trois ans bien que la scolarité obligatoire soit à six ans. Nous sommes les seuls à le faire et le faisons bien. Comme Premier ministre, j'ai refusé un programme d'économie de formation des monitrices d'assistance maternelle. On me disait que ça coûtait deux fois plus cher que de former un instituteur mais c'était, aussi, la fin de la psychologie enfantine, de l'apprentissage de l'hygiène, de tout ce qui fait que la valeur de socialisation de nos écoles maternelles est relativement considérable. Avec le quotient familial, nous avons également le meilleur traitement fiscal des familles en Europe et, sans même parler des congés maternité ou paternité, nous battons le record, par le double, du nombre de places offertes en halte-garderie, en crèche pour les tout-petits, afin que les mères puisent travailler ou ne pas interrompre des études. Tout cela coûte cher, bien sûr, mais l'atout que cela nous donne n'a pas de prix.

B.G. : Et que répondez-vous aux libéraux lorsqu'ils font valoir qu'il n'y a aucune raison que la collectivité paie, par ses impôts, des formations supérieures faisant accéder à des métiers extrêmement rémunérateurs et que les étudiants pourraient financer par l'emprunt ?

M.R. : Il faut qu'Alain s'exprime un peu mais je réponds tout de suite que je suis d'autant moins hostile à une telle évolution que j'avais lancé la préparation d'une mesure allant dans ce sens avant d'être chassé de Matignon. Le fait que l'enseignement supérieur soit gratuit, y compris pour les formations dont vous parlez, et que les allocations familiales soient prolongées au-delà de dix-huit ans s'il y a prolongation des études, tient à une philosophie extrêmement égalitaire, souverainiste, d'ailleurs, mais très égalitaire, qui remonte à 1945 et n'acceptait pas d'introduire des différenciations dans le traitement des jeunes en fonction des revenus des parents. Cela fait problème aujourd'hui mais n'oublions pas que nous formons, en pourcentage de notre population, une fois et demie moins d'ingénieurs par an que les Scandinaves, les Allemands ou les Américains, un peu plus que les Anglais quand même mais il y a longtemps que les Anglais se suicident à travers leur enseignement supérieur, et à peine plus que les Chinois ou les Indiens chez lesquels, en chiffres absolus, cela se compte en millions par an. Toute mesure qui diminuerait l'incitation à faire des études supérieures peut ainsi constituer une espèce de catastrophe car, dans un monde caractérisé par la liberté des échanges, la disparition des droits de douane et la délocalisation croissante des industries, nous n'avons de refuge que dans les cervelles, que dans l'invention permanente, que dans la production d'un tissu intellectuel qui demeure notre force par rapport à nos concurrents les plus immédiats. Ralentir l'effort là-dessus serait donc hyperdangereux.

B.G. : Certes mais c'est l'impôt de la masse des moins bien lotis qui finance des études à l'ENA ou à Polytechnique. Ce n'est pas tout à fait normal.

M.R. : Si. Pourquoi pas, dès lors qu'il s'agit d'un besoin collectif.

A.J. : Et, en plus, ce n'est pas vrai. Les plus pauvres ne paient pas d'impôt en France.

M.R. : Ils ne paient pas l'impôt sur le revenu mais un peu de TVA.

A.J. : Exact. Et s'il est célibataire, un smicard paiera aussi l'impôt sur le revenu mais la fiscalité est très modulée, même pour l'impôt local dont 50 % des Bordelais, par exemple, sont exonérés en fonction, naturellement, de leur revenu. Cette idée que la masse des pauvres paierait les études supérieures des plus riches... Non ! Il faudrait y regarder d'un peu plus près.

M.R. : Absolument.

A.J. : Sur le fond maintenant les étudiants d'HEC, de Centrale ou d'autres filières d'excellence pourraient, effectivement, emprunter pour financer leurs études mais les autres ? Qui leur prêterait de l'argent ?

B.G. : C'est pour cela que je vous interrogeais sur les filières d'excellence.

A.J. : Oui, mais les autres ? Où mettriez-vous la barre et comment ? Et comment ferait-on pour ceux qui reprennent des études supérieures après une période d'échec ou de galère ? Non : cette idée n'est guère juste et, d'une manière générale, je ne me sens pas du tout attiré par les considérations de Hayek ou de Friedman auxquelles je ferais deux objections. La première est qu'il n'est pas vrai qu'il serait mieux pour la collectivité de laisser chacun se débrouiller et les meilleurs gagner car la somme des intérêts particuliers ne fait pas forcément l'intérêt général. La crise vient de le démontrer...

M.R. : ... On le savait avant la crise mais la crise en donne une preuve supplémentaire.

A.J. : Elle a permis de le vérifier et, deuxièmement, pour ce qui est des trappes à pauvreté, il y a des pays, les États-Unis par exemple, dont les systèmes sociaux sont plus proches de ce que rêvaient Friedman ou Hayek et je ne crois pas qu'on y trouve moins de pauvreté qu'en Europe...

M.R. : ... Il y a 45 millions de pauvres aux États-Unis.

A.J. : Voilà. La démonstration est faite et, sur le plan moral, je rejoins ce que dit Michel Rocard. Le darwinisme social d'Hayek et de Friedman est profondément inacceptable et le système de protection sociale, fondé sur des valeurs de solidarité et de fraternité entre les membres d'une même collectivité nationale, appartient au patrimoine commun de la France où il n'y a que quelques excités néolibéraux pour le contester. Il n'y a pas de clivage, en France, sur le principe même de solidarité car il est normal que les riches paient un peu plus pour faire en sorte que les pauvres soient un peu moins pauvres. Ça me paraît enraciné aussi bien dans les valeurs socialistes de Michel que dans les valeurs chrétiennes qui sont les miennes.

Cela étant dit, cette forte exigence de protection sociale, qui n'est pas propre à la France mais européenne, pose un problème que je ne veux pas éluder. Elle a, évidemment, des effets pervers puisqu'il y a des abus, des gaspillages et des dérives. Je n'aime pas ces mots d'« assistance » ou d'« assistanat ». Je préfère parler de déresponsabilisation ou d'irresponsabilité mais, oui, ces effets pervers existent. J'ai moi-même beaucoup hésité, en 1995, à mettre les allocations familiales sous condition de ressources, non seulement parce que cela aurait un peu contribué à l'équilibre financier du système, mais aussi parce qu'il n'est ni moral ni normal de donner la même chose à qui gagne beaucoup et à qui gagne peu.

B.G. : Et pourquoi ne l'avez-vous pas fait ?

A.J. : Parce que je me suis heurté à une opposition farouche de tous les tenants de la politique familiale telle qu'elle est pratiquée depuis la Libération. Leur argument était qu'il ne s'agissait pas d'une politique sociale mais d'une politique démographique, d'encouragement à la natalité, qui avait réussi et qu'il ne fallait pas casser. Je ne l'ai donc pas fait, même si cela peut se discuter, idéologiquement et moralement. C'est peut-être un exemple d'effet pervers et il y en a d'autres, indiscutables, dans l'assurance-maladie et la lutte contre la pauvreté. Pour ce qui est de la première, la réforme que j'ai introduite en 1995 s'appuyait sur le double constat que la dépense maladie augmente et continuera inévitablement d'augmenter en raison du vieillissement et des progrès de la médecine mais qu'il y a des dépenses médicalement utiles et d'autres qui ne le sont pas. Les Français sont surconsommateurs de toutes sortes de choses mauvaises pour la santé et qui coûtent cher à la Sécurité sociale. On multiplie les actes et les prescriptions médicamenteuses, et toute la question est de savoir comment faire le tri entre ce qui est médicalement utile et inutile.

Réponse : en responsabilisant. Il faut d'abord responsabiliser le consommateur et, pour cela, moins rembourser en augmentant les tickets modérateurs. On le fait. On le fait même tellement que cela commence à fragiliser le système de protection sociale dont les taux de remboursement finissent par être parfois trop légers. Il faut ensuite responsabiliser les prescripteurs, c'est-à-dire les médecins. Qui sait le mieux ce qui est utile et inutile ? Qui sait le mieux s'il est nécessaire de prescrire des antibiotiques ? C'est le médecin et il est donc indispensable de définir de bonnes pratiques médicales et d'essayer d'évaluer, à partir de là, si les médecins jouent le jeu ou pas. Je crois avoir ouvert cette voie. Cela commence à donner des résultats en milieu hospitalier mais il y a encore beaucoup à faire dans la médecine libérale.

Pour ce qui est de la lutte contre la pauvreté, la responsabilisation est tout aussi nécessaire mais encore plus difficile parce qu'on peut parler, oui, de trappe à pauvreté avec le RMI dans la mesure où il a des gens qui trichent et, surtout, qui se complaisent dans cette situation en considérant qu'il pourrait y avoir pire et qui renoncent donc à trouver mieux en se remettant vraiment sur le marché du travail dont l'accès leur devient toujours plus difficile. C'est vrai, c'est évident, mais avec le taux de chômage que nous subissons comment éviter cela ?

Autre source de dérive d'une bonne mesure : la couverture maladie universelle, la CMU. Tous les médecins vous diront qu'elle est source d'abus car on se passe la carte quand on n'y a pas droit et qu'on n'y a jamais mis de photo, contrairement à ce que j'avais envisagé. Tout système a ses dérives. Toute protection gratuite génère des abus. La bonne réponse n'est pas d'abandonner la protection sociale mais de mettre chacun devant ses responsabilités qui sont de protéger ce bien commun.

Dernière question : est-ce que cette protection sociale à laquelle toute l'Europe est, à juste titre, tellement attachée plombe sa compétitivité internationale ? Est-ce que cette charge est insupportable et faudrait-il y renoncer pour faire face à la concurrence des Chinois, des Indiens ou des Brésiliens ? Je répondrais, tout simplement, que c'est un élément de compétitivité que d'avoir une population en bonne santé, bien formée et bien éduquée. Je souscris par exemple à ce qu'a dit Michel sur l'effort consenti en faveur de la petite enfance. Il est colossal. À Bordeaux, j'ouvre plusieurs crèches chaque année. On me dit les impôts, blabla, machin... mais il y a une formidable pression des familles et c'est très bien ainsi. La protection sociale est une bonne chose et la seule vraie question qu'elle pose est de savoir si son financement ne repose pas trop, en France, sur les salaires et pas assez sur l'impôt. Ma réponse est claire : elle est dans la question.

M.R. : J'ai aussi une tirade à faire. Le drame, non seulement avec Milton Friedman et son école mais également avec beaucoup des théoriciens de l'économie, est qu'ils pensent tout seuls, dans leur coin, à la seule économie sans jamais prendre en charge la délinquance, la pauvreté et leurs conséquences : les coûts sociaux du système qu'ils acceptent. Le chômage a un prix qui est la démoralisation d'une société dans laquelle la confiance se perd, l'harmonie se rompt et la politique devient folle car les citoyens ne font plus de choix rationnels mais transforment les élections en moyen de hurler une rage qui n'est que trop compréhensible. Il y a une crise intellectuelle de l'économie sur laquelle on ne devrait plus avoir le droit de travailler ainsi, comme si elle était déconnectée de tout.

Sur l'assurance-maladie, je suis en accord assez profond avec Alain. Je n'ai qu'une chose à ajouter qui est que, pour des raisons historiques dont je vous fais grâce, nous avons instauré l'assurance-maladie tout en gardant le libre choix du médecin, la liberté thérapeutique, la libre négociation des honoraires, le secret médical...

A.J. : Et la libre installation...

M.R. : Elle va avec la liberté thérapeutique, mais oui, en effet. On appelle ça en mathématique un système surdéterminé et ça a fait péter le système. L'addition de ces garanties, exigées par les grands médecins parisiens, a créé le déséquilibre auquel on se heurte toujours plus. (Entre 1932 et 1934, dans les années où, devant le succès de l'assurance-maladie obligatoire, héritée de Bismarck en Alsace-Moselle, on a créé les premières assurances maladie obligatoires en France.) Nous sommes toujours dans un fonctionnement médical surdéterminé par le libre choix du patient et son rapport direct avec le médecin et il est, à cet égard, symptomatique qu'il n'y ait aucun enseignement d'économie médicale dans les facs de médecine. Il m'est arrivé de dire à des médecins qu'ils étaient ordonnateurs de deniers publics mais ils ne comprenaient simplement pas cette réalité qu'ils rejetaient avec colère et indignation ! L'inconscience est absolument totale. La planche à billets n'a qu'à tourner et s'ajoute à cela qu'il est à peu près impossible de négocier avec les professions médicales et paramédicales car il y en a plus de 70 et que, jamais, ni l'Ordre ni les syndicats représentant ces professions n'ont prétendu mettre de l'ordre dans tout ça et se mettre en situation de négocier avec l'État. J'ai deux ou trois fois réuni la Confédération des syndicats médicaux français. C'est une plaisanterie. Ils viennent à 25, tiennent des discours divergents. C'est infaisable ! La seule chose possible, comme l'a préconisé mon excellent ministre de la Santé, Claude Evin, est de prendre ces professions une par une. Nous avions commencé à le faire mais il faut ensuite quinze ans de continuité gouvernementale ou, au moins, politique, et cela, ça ne se trouve plus en France.

Un mot sur le RMI, mais ce n'est pas non plus sur lui qu'on va s'opposer. La raison pour laquelle il était interdictif de revenu complémentaire lorsque nous l'avons créé est que nous avions une foi naïve, qui a été démentie par les faits, dans la proximité d'une reprise économique. On était dans une bonne conjoncture internationale, la croissance était forte. Le RMI était à nos yeux une situation d'attente d'un nouvel emploi. Il ne devait durer que deux ans mais la croissance s'est arrêtée, le chômage est reparti à la hausse et il n'était donc plus question de le supprimer.

Au lieu d'avoir à gérer un flux constamment changeant de chômeurs temporaires, on a dû gérer un stock de chômeurs devenant permanents sur la longue durée et l'interdiction de tout revenu complémentaire est ainsi devenue une gêne, un empêchement incompatible avec l'état du marché du travail. On s'était mis à travailler là-dessus, notamment avec Martin Hirsch, mais il a fallu attendre dix ans pour arriver à l'idée du RSA.

A.J. : Je voudrais ajouter deux ou trois choses.

M.R. : Oui, tout de suite, mais je dois encore aborder la question, fondamentale, du financement de la sécu dans l'avenir. Je suis paniqué. La crise économique continue. On n'a rien fait du tout, nulle part, pour traiter le sous-emploi et l'insuffisance de la croissance et rien fait, non plus, pour empêcher le retour de la crise bancaire. Le plus probable est, à ce stade, une quasi-stagnation, longue et avec répétition de chocs financiers. Dans ces conditions, l'État va se trouver pauvre et la protection sociale va être mise en cause. Pour les gouvernements de pays qui tiennent à maintenir un certain équilibre social, une harmonie, une appétence pour un cadre de vie et donc la protection sociale, la seule stratégie possible est de la sortir de la responsabilité financière de l'État. La garantie du maintien de la protection sociale, c'est sa prise en charge par ses administrés...

B.G. : Attendez... Ce n'est pas le budget de l'État qui finance la protection sociale mais des systèmes d'assurance fondés sur la cotisation sociale, les charges...

M.R. : Théoriquement oui, mais c'est l'État qui comble les déficits et compense toutes les exemptions de cotisations qu'on a introduites. Sans l'avoir vraiment ni voulu ni choisi, l'État est en train de reprendre à son compte une part assez croissante de l'ensemble de la protection sociale. Cette pente est dangereuse. Il faut la dénoncer et réaffirmer que ça vaut le coup de payer pour la retraite, pour l'assurance chômage et l'assurance-maladie. Il faut, autrement dit, négocier l'acceptation du prix, faire le contraire de ce qu'on a fait pour les retraites, et remettre tout à plat, chiffres en main. Il y a urgence car l'État ne pourra bientôt plus financer la protection sociale.

A.J. : Trois remarques supplémentaires. La première, en forme de réponse supplémentaire à Hayek et Friedman, pour souligner que, si la récession a été un peu moins marquée en France qu'ailleurs, c'est parce que les dispositifs sociaux ont un effet d'amortisseur. On le sait mais il est important de le rappeler.

M.R. : Mais oui !

A.J. : La deuxième est que je serais peut-être un peu plus optimiste que vous sur l'évolution des mentalités. Longtemps, je me suis beaucoup opposé à mes interlocuteurs médecins qui me disaient : « La santé n'a pas de prix » et auxquels je répondais : « Non, mais elle a un coût. » Aujourd'hui, les choses changent. Les médecins hospitaliers ont bien compris qu'il y avait une économie sociale de la santé et que l'hôpital devait être géré. Ils ont notamment accepté la tarification à l'activité et se sentent désormais en concurrence avec le secteur privé. Ils ont intégré qu'ils devaient maintenir un niveau d'activité suffisamment élevé et qu'il fallait, pour cela, que les gens ne préfèrent pas aller en clinique plutôt qu'au CHU. Troisièmement, la dépendance sera très bientôt, elle est déjà, une charge considérable pour la collectivité et là je rejoins Michel, pour dire qu'il faudra un système assurantiel dans lequel on demandera aux gens de se couvrir.

B.G. : Un système public ou privé ?

A.J. : L'un ou l'autre mais, en tout cas, obligatoire. L'assurance automobile est obligatoire mais elle est privée. Il ne serait pas interdit de s'en inspirer.

B.G. : Je vous avais interrompu dans votre réponse sur les moyens de relancer la croissance. Le premier était, disiez-vous, de diminuer les charges, sans remettre en question la protection sociale. Le deuxième ?

A.J. : Le deuxième facteur de croissance, on l'a dit, est la constitution d'entreprises moyennes innovantes et ce changement, parce qu'il est structurel et de longue haleine, passe par de profondes évolutions de notre système de formation. C'est le troisième facteur de croissance. Du primaire à la formation supérieure, en passant par le collège et le lycée, il nous faut repenser toute la chaîne de l'enseignement afin de donner plus de chances à nos jeunes de s'insérer plus harmonieusement qu'aujourd'hui dans la vie active.

C'est la mère des réformes, la priorité des priorités. Nous avons traditionnellement mis l'accent sur la transmission des connaissances. Elle est indispensable. C'est la base de tout mais, surtout dans le primaire et le secondaire, nous avons trop fait l'impasse sur les savoir-faire, l'éveil de la sensibilité et la formation du caractère qui est, pourtant, une mission essentielle de l'Éducation, beaucoup plus prise en compte dans le système anglo-saxon. Dans ses critères d'admission, Princeton valorise à peu près de la même manière l'excellence des notes et le fait d'avoir été capitaine d'une équipe de rugby, expérience formatrice et signe des capacités d'un jeune à diriger, animer et prendre des initiatives. Nous devrions nous inspirer de cette approche et repenser, parallèlement, la question de l'orientation qui devrait être à la fois plus précoce et plus souple. On ne peut pas autant privilégier les filières d'enseignement général. Il faut revaloriser les filières technologiques et professionnelles, l'apprentissage et la formation en alternance, et nous devrions enfin cesser de considérer que l'enseignement supérieur doit obligatoirement précéder l'entrée dans la vie active. Dans le monde anglo-saxon, on commence des études supérieures, on arrête, on va bosser un an, on revient et reprend un cursus universitaire. Cela n'existe pas du tout en France. Ce n'est pas la tradition. Rien n'est fait pour faciliter ces allers-retours et cela coupe beaucoup trop les mondes de la formation et de l'entreprise. Cette réflexion sur la formation est absolument essentielle à la reconquête de la compétitivité française.

M.R. : Je suis, une fois de plus, globalement d'accord avec ce que vient de dire Alain, mais deux choses. La première est que nous n'avons ni le droit éthique ni la possibilité de réfléchir en termes de retour à une croissance connue. Les éléments de la croissance de demain ne nous sont acceptables que s'ils sont recyclables, durables, renouvelables...

A.J. : ... Bien entendu ! Cela va de soi...

M.R. : ... On ne pourra pas se permettre une croissance classique fondée sur les énergies classiques. Si nous avons mis de l'argent du grand emprunt dans la prochaine génération nucléaire, c'est que nous avons besoin d'une énergie dé-carbonée et l'une des clés – grand dieu ! – du retour de la France à la croissance est donc de se réconcilier avec le nucléaire.

Second point, il nous faut réindustrialiser. Il nous faut sortir de la logique du monde où nous sommes, celle qui consiste à délocaliser la production industrielle vers des pays où la main-d'œuvre est bien meilleur marché que dans les nôtres. Le résultat de cette logique est que la part de l'industrie financière dans le PIB britannique a atteint 22 % en Grande-Bretagne et 20 % en Suisse. En France, nous sommes prudemment restés autour de 10 % mais la pente est là et nous devons l'inverser, redonner du poids à nos industries dans la création de la valeur ajoutée, en parler et y réfléchir en sachant que la pression bancaire internationale est suffisante pour empêcher un gouvernement de faire quoi que ce soit de réel, qu'il n'y a pas de vraie réforme des règles bancaires mondiales et que nous ne pourrons pas faire ce choix fondamental si nous n'arrivons pas, dans le cadre de l'Organisation mondiale du commerce, à un accord relativement sérieux avec la Chine sur une temporisation de certains aspects trop brutaux des confrontations marchandes.

Maurice Allais s'était un jour permis de recommander le vote Le Pen. Je n'ai pas aimé. Je n'ai pas grand-chose à voir avec ce libéral qui méprisait l'État et la règle et croyait aux automatismes de marché mais ce grand intellectuel, seul prix Nobel d'économie français, le seul à avoir publié tous ses travaux en langue française, avait raison de répéter tout le temps et partout que le libre-échange est une absolue stupidité dès lors qu'on prétend, comme aujourd'hui, l'étendre à des pays de niveaux de développement par trop différents. Nous en sommes là. Le fait d'avoir organisé un libre-échange sans limites, sans seuils et sans contrôles était une faute que nous allons très probablement payer jusqu'à la fin de ce siècle.

Entendons-nous bien. Le protectionnisme est une catastrophe. Il faut le condamner. Il ne peut être que sectoriel, temporaire, placé sous surveillance internationale mais il va bien falloir expliquer aux Chinois que nous avons des raisons sociales de ne pas accepter que nos pays soient mis, sous quelques années, sens dessus dessous car c'est là que nous allons tout droit, crise politique à la clé. Je ne sais pas à qui elle profitera, Le Pen ou Besancenot. Je n'en sais rien mais, si nous ne disons pas qu'une faute a été commise, ils gagneront en écoute, l'un, l'autre, ou les deux. Si nous ne nous occupons pas de cela, aucun gouvernement ne pourra plus tenir dans nos pays et il est également temps de reconnaître que les économies débutantes ou fragiles ont besoin d'une protection temporaire, que l'Afrique, en particulier, a temporairement besoin de protectionnismes sectoriels pour s'en sortir, y compris contre les économies émergentes.

Les poulets brésiliens ont détruit le poulet et le canard sénégalais, des industries qui avaient été créées par des locaux. Ça s'est fait en quinze ans et le poulet de batterie européen n'y a pas, non plus, été pour rien. La dépendance alimentaire de l'Afrique est en pleine croissance. Son agriculture vivrière est, elle aussi, concurrencée par nos exportations. Nous laissons tuer beaucoup de choses. Nous tuons beaucoup, beaucoup trop de choses mais on ne réfléchit plus à long terme. La télévision ne parle jamais du long terme. La mode n'est plus à la pensée longue et, dans votre profession, mon cher Bernard, je ne connais pas un gars qui soit capable de consacrer du papier à des choses qui auront de l'importance après la prochaine campagne électorale.

B.G. : Vous croyez que la presse est seule à ne plus penser le long terme ? N'est-elle pas, plutôt, à l'image des politiques, de beaucoup d'universitaires, de l'ensemble de nos sociétés ?

M.R. : Disons que la presse n'arrange pas les choses, qu'elle ne joue plus assez son rôle d'éclaireur mais, pour aller dans votre sens, je me souviens de la réponse d'un grand prof d'économie de Cambridge, très bon, très fort, auquel j'avais demandé s'il n'était pas grave qu'on fasse tout pour ne plus avoir d'industries et acheter tout ce qu'on allait consommer. « *Who cares* ? » m'avait-il répondu. Le marché tourne, les avions volent, il n'y a pas de crise : à qui cela importe-t-il, m'avait-il dit, que ce que l'on consomme vienne de Chine, du Brésil ou d'Angleterre ? *Who cares ?* On s'en fout mais on ne peut plus s'en foutre, et c'est tant mieux, maintenant qu'une grande banque de Wall Street a été mise en faillite avec les conséquences que l'on sait, qu'il a fallu sauver les établissements financiers, en transformant une dette privée insolvable en dette publique et que pour ce faire, on a renationalisé le traitement de la crise par le canal de la participation des puissances publiques et que c'est sur le dos de nos États que la crise opère, d'États nationaux qui vont être directement concernés et devront proposer des solutions à leurs citoyens.

Sans l'avoir voulu, à cause de la crise, nous allons retrouver une dimension de souveraineté nationale car les États vont être obligés de parler plus fort et de préserver des productions industrielles puisque c'est eux qui administrent le chômage et qu'ils ne peuvent pas éternellement encaisser les coups sans réagir. Ça va tanguer à l'OMC mais le protectionnisme, sectoriel et temporaire, on est reparti pour et ça repart déjà. J'ai bien aimé la tirade d'Alain sur le retour à plus de croissance par les réformes de la protection sociale et de l'enseignement mais la condition première, c'est de s'attaquer à un libre-échangisme devenu fou et de gérer ce problème.

A.J. : Une chose, d'abord, sur laquelle Michel ne sera pas d'accord avec moi…

M.R. : … Faudrait bien en trouver !

A.J. : Vous vous souvenez du rapport sur les blocages de l'économie française présenté il y a quelque cinq ans par l'ancien patron français du Fonds monétaire international, Michel Camdessus. Ça s'appelait *Le Sursaut*. Toutes les interrogations que nous avons là y étaient déjà et l'un des éléments centraux de son diagnostic était que la France travaillait moins que la quasi-totalité des pays avec lesquels elle est en concurrence. Ce n'est pas tellement les 35 heures qu'il mettait en cause que ce problème français qu'on redécouvre aujourd'hui à l'occasion du débat sur le financement des retraites et qui est...

M.R. : ... Les seniors.

A.J. : ... Et qui est que le taux d'activité des personnes de cinquante à soixante-cinq ans est beaucoup plus faible en France qu'ailleurs. On a, là, depuis très longtemps, un vrai blocage intellectuel en France car la gauche et une large partie de la population considèrent que la quantité de travail est une donnée constante, un gâteau à partager, et que plus on fait de petites parts, plus il y a de convives autour de la table. On en avait furieusement débattu à propos des 35 heures car beaucoup de mes amis politiques considèrent, eux, comme Camdessus, que ce n'est pas comme ça que ça se passe. La réalité est que, plus on travaille, plus le gâteau est grand car, plus l'économie fonctionne, plus grossit le gâteau de l'emploi. Nous avons essayé de faire comprendre que faire travailler les seniors, ce n'est pas piquer de l'emploi aux jeunes et la preuve en est que nous avons, à la fois, un des taux de chômage des jeunes les plus élevés et l'un des plus faibles taux d'emploi des seniors. Contrairement à un argument qui fait mouche à tous les coups, il n'y a pas de corrélation entre les deux. Ce n'est pas parce que l'on demanderait à des salariés de soixante ans de continuer à faire profiter leurs entreprises de leur expérience qu'on empêcherait des jeunes d'entrer sur le marché du travail car il faut se placer dans une perspective dynamique, de croissance et d'augmentation de l'emploi pour tous.

Cette bataille intellectuelle a été un peu viciée par le « travailler plus pour gagner plus » de la dernière campagne présidentielle. Ce thème du « travailler plus » passe désormais mal parce qu'il paraît aujourd'hui partisan mais il faut le reprendre, d'une manière ou l'autre, car nous sommes placés devant l'extraordinaire défi du partage des revenus au niveau mondial. Les Chinois ont envie de gagner plus et travaillent donc plus. Une sorte de rééquilibrage des pouvoirs d'achat est en cours à l'échelle planétaire et, dès lors qu'on ne peut évidemment pas se fixer pour objectif de descendre au niveau de revenu des pays émergents, la nécessité est de mettre l'accent sur le travail et le nombre d'années travaillées dans une vie. L'exemple de la Suède montre qu'on peut à la fois augmenter le taux d'emploi des seniors et celui des jeunes.

Cela étant dit, je ne pense pas plus que Michel que nous puissions renoncer à avoir une base industrielle. Nous sommes une économie de services, 70 % du PIB français vient aujourd'hui des services. La part de l'industrie manufacturière dans la valeur ajoutée globale de la France est de 16 %. La moyenne européenne est de 22 %. L'Allemagne est à 30 %. Contrairement à ce que j'ai longtemps enseigné à mes étudiants, la France s'est vraiment désindustrialisée. Nous ne pouvons pas rester bras croisés mais comment faire ?

J'ose à peine le dire tant cette notion éveille de méfiance dans tant de cercles de pensée en France, tant elle est critiquée par tant d'économistes et même de responsables politiques, tant elle est rejetée par tous les libéraux de la terre et tellement regardée comme une spécificité française et, donc, un archaïsme étatique, mais il nous faut renouer avec la politique industrielle.

Ce ne sera pas facile mais les choses commencent à bouger. Avant que les travaillistes ne perdent les élections de l'année dernière, j'ai entendu l'un des théoriciens du *New Labour* me parler d'un nouveau concept dont il faisait grand cas et qu'il nommait

« *Industrial activism* ». La bonne traduction de cette expression « d'activisme industriel » n'est autre que « politique industrielle ». C'est ce que cela veut dire. On objectera bien sûr que la politique industrielle, ça ne marche pas, qu'on s'est planté à chaque fois, que seul le marché...

B.G. : À chaque fois ? Loin de là, au contraire...

A.J. : Pas toujours, en effet, puisque le seul exemple d'échec flagrant est le plan Calcul, la tentative de lancement, sous impulsion de l'État, d'une filière informatique française. Là, on s'est planté mais le Concorde a volé pendant vingt ans et...

M.R. : ... Et il n'y aurait pas d'Airbus sans Concorde.

A.J. : La filière nucléaire est un succès. Il n'y aurait pas l'énorme succès d'Airbus sans Concorde. EDF en est un autre, etc. Comment relancer une ambition industrielle ? On le pourra difficilement sans amener nos partenaires européens à s'y mettre avec nous, sans promouvoir une politique industrielle européenne, et on ne le pourra pas, non plus, sans les convaincre aussi, comme Michel le souhaite à juste titre, de civiliser le libre-échange, de faire en sorte qu'il ne soit pas complètement débridé mais prenne en compte les différences de normes sociales et environnementales.

C'était la grande idée de Jacques Chirac, rendre plus équilibrées et égalitaires les conditions du libre-échange, mais il a malheureusement prêché dans le désert. Il avait raison mais on n'a pas voulu l'entendre. Il n'a pas pu convaincre, pas même en Europe, pas même en France. Dommage, mais l'une des meilleures manières d'y arriver aujourd'hui serait d'instaurer une taxe carbone, une TVA verte, aux frontières de l'Union européenne, de relancer cette idée que nous n'avons pas bien su défendre et promouvoir, même en France où nous venons d'échouer à la concrétiser.

B.G. : En quoi la taxe carbone civiliserait-elle le libre-échange ?

A.J. : Elle y contribuerait beaucoup et je vous en donne un exemple. Compte tenu du code des marchés publics qui nous oblige à choisir le moins-disant, parfois le mieux-disant mais, essentiellement, le moins-disant, si vous lancez aujourd'hui un appel d'offres pour des panneaux photovoltaïques, vous êtes obligé de prendre des panneaux chinois parce qu'ils sont incontestablement moins chers que les français. C'est une situation à laquelle j'ai été confronté mais si nous accrochions leur bilan carbone à ces panneaux, les français redeviendraient immédiatement plus compétitifs. Tous nos industriels nous le disent parce que la fabrication d'un panneau, c'est beaucoup d'électricité, d'une électricité qui, en Chine, provient du charbon pour une bonne moitié. En Chine, il s'ouvre une centrale au charbon… Je ne sais plus : toutes les semaines ou…

M.R. : … Presque quotidiennement.

A.J. : Voilà… En intégrant cette dimension du bilan carbone, on pourrait recréer les conditions d'un libre-échange équilibré. Je ne sais pas s'il serait ou non possible d'imposer une taxe carbone aux frontières européennes mais, en attendant, avec une TVA verte, on taxerait les produits importés dégageant beaucoup de gaz à effet de serre ou intégrant un bilan carbone très négatif et exonérerait d'autant les produits que nous exportons. Ce pourrait être un élément régulateur mais j'avoue que, pour l'instant, ce combat est perdu à l'OMC, très difficile en tout cas parce que, dans leurs relations avec la Chine, les Américains jouent avant tout la question de la monnaie et du taux de change. Leur grand combat, c'est la réévaluation du yuan à un niveau qui permettrait de rétablir leur compétitivité avec la Chine. Cela bloque les choses mais, comme il leur faudrait obtenir une réévaluation du yuan de 50 % et qu'ils n'espèrent bien sûr pas y parvenir, ils commencent à évoluer. Ils commencent très doucement à regarder d'un autre œil la question des normes sociales et environnementales. Il y a là un espoir, une piste, mais la vérité oblige à dire qu'il faudra aussi convaincre nos partenaires européens qui ne sont pas encore dans cette logique-là. L'Allemagne, en particulier, en est encore loin car, compte tenu de ses positions sur les marchés mondiaux, elle n'en sent pas le besoin et voit au contraire tous les risques qu'elle prendrait à encourager ce qui pourrait être interprété comme un protectionnisme européen.

M.R. : Je ne crois pas un instant à la possibilité de mettre en place une taxe carbone aux frontières européennes avant qu'on ne l'ait instaurée à l'intérieur. C'est une bataille perdue d'avance. C'est sur nos terres qu'il faut commencer mais, pour le reste... Nous faisons de grands efforts mais, nos sujets de conflit, on ne les trouve pas... Nous sommes certainement en désaccord sur le temps de travail mais, pour ce qui est des seniors, non, nous ne le sommes pas. Je suis absolument partisan d'une meilleure embauche des plus de cinquante ans car le travail n'est évidemment pas – je l'ai toujours dit, partout – une denrée fixe à partager et rationner. Le travail, bien au contraire, crée le travail mais ne perdons pas de vue que, si l'on travaille moins d'heures en France qu'ailleurs, nous y avons la meilleure productivité du monde...

A.J. : ... Avec le stress le plus fort du monde.

M.R. : Oui... Peut-être, mais je ne suis pas sûr que nous ayons là assez d'indications internationales comparatives pour en être certain.

A.J. : Quand un passager meurt d'une crise cardiaque dans le TGV, les cheminots demandent la mise en place d'une cellule psychologique, pour les soutenir, eux, parce qu'ils ont été confrontés à ce drame. C'est une expérience vécue. Comme l'écrit Jean-Paul Delevoye, la France est psychiquement fatiguée ou, du moins, en donne des signes.

3

Le rêve malmené de l'Europe

Chapitre troisième, où l'on apprend que l'Europe politique est morte aux yeux de Michel Rocard mais qu'Alain Juppé espère toujours plus en l'Union ; que le grand malheur du projet européen est que les Britanniques ne s'y sont ralliés que pour le torpiller de l'intérieur ; que de Gaulle était plus européen que l'histoire ne le dit ; que le multilatéralisme est mal en point ; que la lenteur et la lourdeur des mécanismes européens ne sont plus à la hauteur des urgences internationales ; que ces urgences, climatique et financière, commandent de s'entendre avec la Chine, même au prix de silences coupables ; que la question turque n'a pas fini de diviser les meilleurs esprits ; que le néolibéralisme portait Poutine comme la nuée l'orage mais que Medvedev n'est pas Poutine ; que les Occidentaux se sont beaucoup trompés après la chute du Mur ; que la mobilisation pour la planète doit être totale et immédiate et que les Européens se tirent dans le pied avec l'islamophobie.

Bernard GUETTA : Est-ce que l'Europe, non pas le continent, bien sûr, mais l'Union européenne, peut se défaire ?

Michel ROCARD : Oui, évidemment. Dans la mesure où elle n'est pas faite, elle peut se défaire et n'en a d'ailleurs pas été loin après le krach de Wall Street. Lorsque la crise bancaire frappe l'Irlande, première touchée dans l'Union, que fait ce pays qui avait été le plus grand bénéficiaire de la construction européenne ? L'Irlande qui avait le plus bas revenu par tête de toute l'Europe occidentale au moment de son adhésion, en 1972, et qui s'était hissée, grâce aux solidarités européennes, en tête des plus riches, décide alors de protéger ses déposants et ses banques, ses nationaux et ses institutions financières, en ignorant totalement qu'elle fait partie d'un ensemble dont elle oublie toutes les règles.

Mme Merkel s'en étrangle. À la seule idée que l'Irlande allait mettre de l'argent public dans ses banques, elle pousse de hauts cris car, pour avoir vécu la première partie de sa vie sous le communisme, cette femme intelligente et courageuse voit le totalitarisme revenir dès qu'on parle d'une intervention gouvernementale. Elle s'indigne d'autant plus qu'elle craint le précédent qui pourrait être créé. Elle constate, à juste titre, que l'Irlande s'assied sur la règle européenne qui est que tout octroi de fonds publics doit être autorisé par la Commission comme non violateur de la concurrence mais cela ne l'empêche pas d'ajouter que, puisque la crise est effectivement grave et qu'on ne peut pas aider tout le monde, elle la traitera dans les frontières allemandes, avec du capital privé allemand venant à la rescousse des banques allemandes.

C'est un deuxième coup de poignard porté à l'Europe économique. L'Allemagne refuse la solidarité monétaire européenne prônée par Nicolas Sarkozy. Elle lui dit « non », tout simplement « non », et ce n'est qu'après avoir réalisé que 2 de ses 5 plus grosses banques sont en grand péril qu'elle se ravise. En un week-end, elle fait un virage à 180 degrés. Elle accepte ce qu'on appellera le « plan européen », des idées de Gordon Brown soutenues par Nicolas Sarkozy, mais il n'en reste pas moins que le premier réflexe du plus considérable des fondateurs de l'Union et du premier de ses bénéficiaires aura été d'oublier l'Europe et de jouer seul.

La suite du constat est que la Commission européenne est restée totalement silencieuse et que ce que nous allons appeler, par convention, « l'Europe » n'a pas fonctionné. Cela veut dire que, dès que le grave, le sérieux, le vital arrivent, il n'y a plus d'Europe car nous n'avons pas su toucher aux mécanismes de pouvoir.

Alors pourquoi ?

On ne peut pas se le demander sans parler des Anglais. On n'y échappe pas. Quand Churchill prononce, à Zurich en 1946, son extraordinaire discours sur l'Europe, lorsqu'il nous dit qu'on sort d'un massacre dont la civilisation aurait pu ne pas se relever, que le destin du monde a été en cause, que nous, les Européens, devons mettre un terme à ça, que nous devrions faire « quelque chose comme les États-Unis d'Europe », que nous aurions l'approbation des États-

Unis d'Amérique, que nous pourrions même avoir un soutien soviétique et que nous aurons celui du Commonwealth britannique, il ne dit pas explicitement que ce soutien de la Grande-Bretagne sera extérieur mais toute la construction de la phrase le laisse comprendre. Les Anglais n'envisageaient déjà pas de se fondre dans l'ensemble politique que Churchill appelait pourtant à bâtir...

B.G. : Et comment le comprenez-vous ? Pourquoi inciter l'Europe à une entreprise dont la Grande-Bretagne ne voulait pas être partie prenante ?

M.R. : Parce que Churchill était un visionnaire mais que la Grande-Bretagne, Churchill inclus, se voyait un destin de partenaire privilégié des États-Unis, de la superpuissance occidentale sortie de la guerre, mais ce n'est pas tout. Plus fondamentalement encore, il y a un millénaire que, pour les Anglais, le continent est l'endroit d'où viennent les invasions, les épidémies, les guerres, toutes les menaces, et c'est vrai ! Dans leur culture, nous sommes, nous, les gens du continent, des barbares qui ont été incapables d'inventer la démocratie. Le contrôle du budget royal par un Parlement élu pour ça, c'est l'Angleterre et il nous a fallu deux siècles pour la copier. L'Habeas Corpus, le début et le fondement des Droits de l'Homme, on n'y est toujours pas vraiment. Il n'y a que l'Angleterre pour vivre à ce niveau de démocratie et, dans le fond, ils nous méprisent et se méfient tant de nous que, cinq siècles durant, leur politique a explicitement consisté à maintenir les divisions continentales, à toujours chercher à s'allier avec la deuxième puissance militaire pour affaiblir la principale. En cinq siècles, dans une permutation circulaire, ils ont été les alliés des Allemands, des Russes, des Autrichiens, des Néerlandais ou les nôtres. L'idée que l'Europe devienne un ensemble politique uni dont ils ne seraient qu'une partie leur est totalement contraire.

Ils n'en veulent pas mais, comme ils nous en croyaient incapables, c'est avec une indifférence courtoise, de loin, qu'ils ont regardé se faire les premiers pas de l'unité européenne avant de se déchaîner contre l'idée de la Communauté économique européenne. On l'a oublié mais ce fut une tempête dans la presse et l'opinion britanniques, la rage, les insultes, car ils avaient parfaitement bien compris qu'il ne s'agissait pas que d'un marché commun et que, même si nous ne l'écrivions pas, l'intention, explicitée dans le discours des fondateurs, était de jeter les bases d'une institution politique commune qui parlerait de tout et pas seulement d'économie et dont la vocation serait fédérale.

L'enjeu était clair et ils vont donc jusqu'à inventer l'Association européenne de libre-échange, un truc diabolique dans lequel ils enrôlent Suède, Danemark, Norvège, Islande, Irlande, Suisse, Autriche, même le Liechtenstein, et invitent la Communauté à les rejoindre avec pour objectif de diluer le tout dans un marché commun qui ne soit pas même une véritable union douanière – dans lequel il n'y ait pas de droits de douane entre pays membres mais pas non plus de tarif extérieur commun car c'est avec le tarif extérieur que commence la vocation intégratrice.

Ça a failli marcher. Les Néerlandais n'ont pas été loin de suivre mais les fondateurs tiennent le coup. Notre projet était beau. Nous faisons la Communauté, malgré les Britanniques, et, lorsqu'ils ont compris qu'ils avaient perdu la bataille, ils ont posé leur candidature, pour pouvoir nous contrer de l'intérieur, mais de Gaulle est encore au pouvoir – on est en 1964 – et c'est « non ». À son incitation, sous sa pression, l'Europe refuse car les Britanniques entretiennent avec les États-Unis une relation si exclusive, si spécifique, qu'ils ne sont pas des nôtres.

L'Europe s'élance, dans un total miracle. Notre croissance a augmenté d'une bonne moitié. Le commerce extérieur de l'Europe unie avec le reste du monde augmente deux fois plus vite que la moyenne du commerce mondial. La visibilité européenne s'accroît d'autant. Ce formidable accélérateur de croissance contribue largement à sceller la réconciliation franco-allemande. Le traité de Rome ne permettait guère de régler les problèmes mais les difficultés se géraient à coup de crises et les résultats sont tellement stupéfiants que c'est eux qu'on voit, pas les crises, que ça donnait des rêves et que tout le monde comprenait qu'on n'en resterait pas là, que le projet fédéral n'était pas enterré. La Grande-Bretagne prend peur. De crainte d'être laissée sur le quai, elle représente sa candidature. De Gaulle s'y oppose à nouveau mais on est juste après 1968. Il va bientôt perdre son référendum et démissionner. Pompidou est élu. La Grande-Bretagne est toujours candidate et Pompidou capitule.

B.G. : « Capitule » ? Pourquoi dites-vous « capitule » ?

M.R. : Je vous l'ai dit. Parce que la Grande-Bretagne ne voulait entrer dans l'Europe que pour empêcher toute évolution fédérale, que pour empêcher que la Communauté puis l'Union ne deviennent un ensemble politique. Je suis désolé d'avoir à avouer que j'ai mis trente ans à le comprendre car je n'étais pas anglophile mais anglomaniaque mais, oui, nous avons été trop nombreux à mettre trop longtemps à le comprendre : la Grande-Bretagne n'a adhéré que pour cela et a toujours trouvé assez d'alliés, depuis, pour mener un travail d'obstruction dont elle est sortie vainqueur.

Sa diplomatie a mobilisé, là, toutes ses capacités, et elles ne sont pas minces. Elle a placé les meilleurs de ses hommes à Bruxelles et à Strasbourg où ils savent tout et connaissent tout le monde. Aucun ministre anglais ne prend un directeur de cabinet qui n'ait pas passé trois ans à Bruxelles. À leur manière, négative, ils sont infiniment plus européens que nous, Français, qui déclamons nos ambitions au lieu d'occuper les rouages et, après Delors, la Grande-Bretagne a opposé par deux fois son veto au choix de futurs présidents de la Commission européenne parce qu'ils avaient trop de caractère.

B.G. : En un mot, le principal danger pour la pérennité de l'Union européenne, c'est elle, la Grande-Bretagne.

M.R. : Non. La question ne se pose plus en ces termes. C'est fini. Le problème est enterré. L'Europe politique est morte et j'en ai, pour ma part, tiré la conclusion, en m'intéressant à des problèmes mondiaux comme les pôles.

B.G. : Si je vous repose la question : « Est-ce que l'Union peut se défaire... »

M.R. : Je vous réponds qu'elle est morte. Il reste l'Europe économique. Elle demeure la vraie chance pour l'avenir mais l'Europe politique a été tuée.

B.G. : Torpillée par l'entrée de la Grande-Bretagne ?

M.R. : Au début. Ensuite sont arrivés beaucoup de nouveaux adhérents et mon sentiment est que plus de la moitié des pays de l'Union souhaitent désormais en faire une grande Suisse, autrement dit gérer ensemble notre relative richesse mais s'empoisonner le moins possible avec les dangers et les charges financières que vous occasionne le reste du monde si l'on décide de s'en occuper. Je n'ose pas espérer que l'Europe soit productrice de réponses à la crise. Elle s'enlise et, en politique, l'Europe ne sait pas faire. Nous avons éclaté sur l'Irak. Nous avions éclaté sur la Yougoslavie. On n'est capable de rien sur le Moyen-Orient et puis, tout de même, Barroso... Et son délicieux prédécesseur... Comment s'appelait-il, déjà ?....

B.G. : Romano Prodi.

M.R. : Non ! Avant... Le Luxembourgeois... Ah oui, Santer ! Tous ces braves gens d'immense gentillesse, sans rayonnement et sans capacité de décision aucune, choisis en raison du veto britannique sur les vrais tempéraments forts.

B.G. : Alain Juppé, l'Europe est morte ?

Alain JUPPÉ : La rétrospective que vient de faire Michel est, malheureusement, très proche de la réalité mais je ne peux pas me résigner à en rester là. Est-ce que l'Europe peut se défaire ? Oui. Pour la première fois, j'ai le sentiment que ce risque existe et qu'il est fort mais je m'empresse de dire que le prix à payer serait tel que je ne pense pas que cela puisse arriver. Contrairement à Michel, je crois qu'on est allé trop loin pour ne pas aller plus loin mais je dois d'abord dire à quel point j'ai savouré l'hommage rendu à de Gaulle.

De Gaulle avait effectivement compris que l'entrée de la Grande-Bretagne allait dénaturer le projet européen. Il y avait chez lui, comme dans l'ensemble du mouvement gaulliste, une ambivalence sur la construction européenne. Sur l'Europe, de Gaulle était Janus. Il incarnait le refus de la supranationalité et voulait cantonner la Commission à un simple rôle d'exécution mais c'est, en même temps, lui qui a mis en œuvre le Traité de Rome, à un moment où beaucoup de gens considéraient que nous n'étions pas prêts et où le patronat freinait des quatre fers parce qu'il estimait que nous ne pourrions pas supporter le choc de la concurrence. De Gaulle leur dit : « C'est signé, on y va », et c'est également lui qui accepte ce premier vrai transfert de souveraineté qu'a été la Politique agricole commune, ce compromis dans lequel nous avons échangé l'ouverture des marchés industriels contre un soutien commun à l'agriculture.

M.R. : Je demande à faire une parenthèse...

A.J. : Allez-y !

M.R. : Vous vous souvenez que de Gaulle était dans l'opposition au moment de la signature du Traité de Rome et qu'il avait appelé à ne pas le voter mais savez-vous comment il a justifié son retournement lorsqu'il l'a mis en œuvre ?

A.J. : J'ai oublié. Qu'est-ce qu'il a dit ?

M.R. : Ce fut l'un de ses plus beaux moments. Il a non seulement dit que la signature de la France était engagée mais que ce n'était qu'un « traité de commerce comme un autre » ! C'était un épouvantable mensonge. Il savait très bien que c'était beaucoup plus que cela mais ça lui sauvait la face et il a été, en cela, un immense Européen.

A.J. : De Gaulle avait un art consommé du mensonge d'État et regardez la suite : non seulement le Traité de l'Élysée et la réconciliation franco-allemande mais aussi le plan Fouchet qui, certes, reposait sur le concept d'Europe des nations, sans la Grande-Bretagne, mais sur une Europe politique, assumant des responsabilités politiques et déjà baptisée « Union » avec trois décennies d'avance...

M.R. : Si on l'avait suivi !

A.J. : Bien sûr ! Il n'y aurait pas eu lieu de le regretter. C'est bien pour ça que je dis qu'il y avait une ambivalence chez de Gaulle. Parmi ses fidèles, il y avait à la fois Michel Debré et Jacques Chaban-Delmas, incarnations de ses deux visages européens. J'étais plutôt du côté de Chaban mais on me dit toujours : « Et Chirac ? » Chirac, c'est compliqué car il y a eu l'appel de Cochin, sa sortie de 1978 contre « le parti de l'étranger », une tonalité très antieuropéenne, mais cet appel, je le passe par pertes et profits car c'est un formidable malentendu. Chirac était sur son lit d'hôpital. Je l'y ai vu, souffrant et un peu dans les vapes. Il n'a signé que parce que Marie-France Garaud et Pierre Juillet lui avaient mis le stylo en main mais, à compter des années 1980, Chirac est sur une ligne européenne constante. En 1986, il soutient la ratification de l'Acte Unique, contre Debré. En 1992, comme Balladur et moi mais contre Philippe Séguin et contre la majorité des militants du RPR, il appelle à voter « oui » à Maastricht. En 1998, à Saint-Malo, il jette les premières bases d'une Europe de la Défense avec les Britanniques et, en 2005... Le référendum a été perdu mais il avait soutenu le projet de Constitution.

Je suis d'accord avec vous, Michel. Accepter la Grande-Bretagne, c'était mettre le ver dans le fruit mais avait-on le choix ? Pouvait-on faire autrement ? Est-ce que la solution alternative, l'Europe politique mais continentale, sans les Britanniques, avait une chance de réussir ? Je ne le crois pas. Je pense qu'on n'y serait pas arrivé. Nos partenaires ne nous auraient pas suivis. La preuve en est que le plan Fouchet a été refusé et c'est la raison pour laquelle Pompidou a fini par accepter l'entrée de la Grande-Bretagne car qui soutenait, à l'époque, cette vision très antibritannique du général de Gaulle ?

M.R. : Personne.

A.J. : Pas grand monde, en tout cas, pas même en France et pas même les socialistes français. La pression était formidable et dominante au sein de l'Europe des Six. Il n'y avait pas d'autre choix que d'accepter la candidature britannique et, dans ce rapport de forces, nous avons eu raison de le faire.

B.G. : Vous disiez, Alain Juppé, que le délitement de l'Union serait aujourd'hui collectivement trop coûteux pour que ses pays s'y résignent, mais en quoi leur ferait-il tant de tort ?

A.J. : Si l'on s'interroge aujourd'hui sur la pérennité de l'euro, si des économistes le font et si certains de mes amis politiques commencent à entonner, à mi-voix, un « On vous l'avait bien dit », c'est que l'Europe n'a pas fonctionné. La Commission a été taisante. Elle n'a pas joué son rôle. Le processus de décision européen a été calamiteux. La lenteur avec laquelle nous avons tendu la main à la Grèce a aggravé sa situation et favorisé la spéculation. L'Union a montré de graves carences mais, finalement, l'euro a tenu. Nous en sommes, même, revenus aujourd'hui à l'euro fort et, en termes économiques d'abord, quelles seraient les conséquences d'une sortie de l'euro-zone pour des pays comme la Grèce ou l'Espagne ?

Leurs dettes sont en euro. Elles seraient très gravement alourdies par un retour à leurs anciennes devises. Leur situation deviendrait franchement catastrophique et, parallèlement, comment nos banques qui ont consenti d'énormes prêts à la Grèce encaisseraient-elles le choc et qu'est-ce que cela voudrait dire, pour l'Allemagne, que de renoncer à la monnaie unique alors qu'elle fait la plus grande part de son commerce extérieur dans la zone euro ?

B.G. : Beaucoup vous diraient que l'Allemagne continuerait à le faire, mais avec le mark.

A.J. : Oui, elle le pourrait, mais cela ne favoriserait certainement pas le développement ni même le maintien du niveau de ses exportations vers une zone dont les monnaies seraient considérablement dévaluées par rapport à la sienne. Économiquement parlant, même pour l'Allemagne, la fin de l'euro serait un cataclysme pour tous les pays de l'Union et, politiquement, ce serait un bouleversement fondamental, bientôt la fin de tout ce qui a été bâti depuis le Traité de Rome.

Imaginez-vous un instant que la France puisse obtenir un nouvel élan de la Politique agricole commune après un éclatement de la zone euro ? Si la zone euro éclatait, il n'y aurait plus de PAC et ainsi de suite. La réaction en chaîne serait telle que personne ne pourrait accepter cela car tout le monde est conscient des enjeux mais ce n'est pas tout. Vous disiez, Michel, qu'il n'y a aucune espèce d'unité politique de l'Europe sur les grands dossiers de politique étrangère mais, non ! Je ne suis pas d'accord !

Sur l'ex-Yougoslavie, il est vrai que l'Allemagne était partie dans un sens et la France dans un autre, mais nous étions arrivés, entre 1993 et 1995, à bâtir une position européenne commune. C'était, disait-on, « le plan Kinkel-Juppé » et, si nous n'avons pas eu la capacité de le mettre en œuvre, c'est largement parce que les Américains étaient opposés à ce que nous le fassions. Je me souviens de nos réunions à Genève, en décembre 1993, où nous étions à deux doigts de conclure un accord mais où Holbrooke, le représentant américain, faisait signe à Izetbegovic, le président bosniaque, de ne pas accepter en lui faisant croire qu'il obtiendrait plus des Américains que des Européens. Ça a donné Dayton, c'est-à-dire à peu près la même chose que le plan Kinkel-Juppé mais après des années d'horreurs supplémentaires auxquelles personne n'a rien gagné. Ce n'est pas nous qui avons ramené la paix dans l'aire yougoslave mais il n'est pas exact de dire que nous n'avions pas eu de position commune.

Nous en avions une, une bonne, et il y a également une position européenne sur la Palestine. Elle ne pèse pas dans ce conflit et, moins encore, sur sa résolution mais nous nous sommes mis d'accord sur une feuille de route et, que je sache, les États-Unis n'ont pas, non plus, su parvenir à un règlement final. Même chose sur l'Iran. Sur ce dossier aussi, il y a une position commune des trois grands Européens, Allemagne,

France et Grande-Bretagne, qui est soutenue par l'ensemble de l'Union, comme par les États-Unis et la Fédération de Russie.

Vous le voyez, je suis moins pessimiste que vous, Michel, sur notre capacité à faire émerger des positions diplomatiques communes. Je le suis d'autant moins que, dernier point, malgré notre divergence sur la conception de l'Europe, il y a des possibilités de coopération entre l'Angleterre et nous, notamment dans le domaine de la sécurité et de la défense. Souvenez-vous de Saint-Malo. Chirac et Blair y signent, le 4 décembre 1998, un texte dans lequel il est écrit : « L'Union européenne doit avoir une capacité autonome d'action, appuyée sur des forces militaires crédibles, avec les moyens de les utiliser et étant prête à le faire afin de répondre aux crises internationales. »

Du point de vue britannique, c'est une véritable révolution copernicienne ! Le texte de l'accord, je n'ai pas oublié, fait plusieurs fois référence à l'Alliance atlantique mais le monde ne tourne plus seulement autour des États-Unis d'Amérique. Pour la première fois, la Grande-Bretagne admet que des forces militaires européennes crédibles peuvent être non pas antinomiques mais complémentaires de celles de l'Otan ! Plus de vingt ans après, la France et la Grande-Bretagne viennent de signer un traité de défense qui les engage à développer la coopération et le déploiement conjoint de leurs forces armées. Je sais bien que ce rapprochement, qui n'est pas nouveau mais spectaculaire, est d'abord le fruit de la contrainte budgétaire. Aucun de nos deux pays n'a plus les moyens financiers de faire cavalier seul. Je sais aussi qu'il s'agit d'une coopération bilatérale et que les pessimistes y voient l'arrêt de mort d'une véritable Europe de la Défense mais je veux continuer à voir le bon côté des choses.

C'est une avancée. Les Britanniques ont compris que leur fameuse « relation spéciale » avec les Américains n'était plus ce qu'elle avait été et ne leur apportait plus, en tout cas, les garanties sur lesquelles ils comptaient. Ce ne peut être qu'une évolution favorable à une politique européenne de sécurité et de défense qui, de toute façon, ne se fera pas à 27 mais dans une coopération renforcée ou structurée entre les puissances qui sont sensibles aux dangers du monde contemporain et sont décidées à se protéger des risques qui les menacent. J'en conclus que même l'Angleterre est tentée par des approches porteuses d'Europe politique mais, chaque fois que je défends cette idée d'Europe puissance, je me heurte à un Védrine qui me dit : « Vous rêvez. Ce n'est pas la réalité. » Il n'a pas tort. Les forces contraires sont considérables. On est allé tellement vite et loin dans l'élargissement qu'il y a aujourd'hui une divergence culturelle au sein de l'Union. Les nouveaux arrivants, notamment ceux d'Europe centrale et orientale, sont très loin des Pères fondateurs sur le projet d'Europe politique. C'est effectivement beaucoup plus difficile qu'on aurait pu l'imaginer il y a quelques années mais on va forcément continuer, j'en suis convaincu, car le prix du retour en arrière serait trop lourd.

B.G. : Avant que Michel ne vous réponde, je voudrais aller dans votre sens et...

A.J. : Vous n'avez pas le droit ! Vous devez rester neutre...

B.G. : Désolé mais, là, ça me serait difficile... Je voudrais vous faire réagir, tous les deux, sur trois points qui peuvent inciter à plus d'optimisme. Le premier est que, pour lente, couarde et désunie qu'ait été l'Europe à l'hiver 2010, elle a non seulement fini par épauler la Grèce mais aussi créé ce qu'il faut bien appeler un Fonds monétaire européen qui est maintenant en voie de pérennisation et constitue un progrès d'autant plus remarquable de la solidarité financière qu'il rompt avec la lettre des traités et comporte une forte dynamique politique. Les 27, en deuxième lieu, ont maintenant accepté le principe d'un gouvernement économique européen que la France était, jusqu'alors, seule à défendre et, troisièmement, l'idée d'une concertation préalable, au niveau européen, sur les projets de budgets nationaux a été avalisée. C'est une autre avancée de l'Europe politique car on marche ainsi vers des mesures d'harmonisation fiscale et sociale qui sont de moins en moins taboues et puis il y a la Pologne...

M.R. : ... Elle a porté à sa présidence un centriste européen plutôt qu'un nationaliste.

B.G. : Oui, mais pas seulement. La Pologne dépasse sa peur historique de la Russie, une peur très compréhensible mais anachronique...

A.J. : ... Et elle commence à penser que l'Europe peut lui apporter autant que les États-Unis, y compris pour sa sécurité.

B.G. : Voilà ! Depuis l'affaire géorgienne, depuis que les États-Unis de Bush s'étaient mis aux abonnés absents pendant le conflit entre la Géorgie et la Russie, les Polonais se disent que leur sécurité pourrait être mieux assurée par l'affirmation européenne que par la puissance américaine. Ils s'ouvrent à l'idée de la recherche d'un partenariat économique entre la Fédération de Russie et l'Union européenne. Or la Pologne est le plus important des pays d'Europe centrale. Cette « divergence culturelle » dont vous parliez, Alain Juppé, se réduit et, l'un dans l'autre, si lamentable que soit le spectacle, peut-être peut-on dire, Michel, que l'Europe politique ne régresse pas mais progresse.

A.J. : Là, c'est deux contre un, mais... J'en rajoute une couche. N'a-t-on pas une petite chance de voir émerger, à la sortie de cette crise, un embryon de pouvoir économique européen ? Je ne parle pas encore d'un gouvernement de la zone euro puisque Mme - Merkel n'a accepté cette gouvernance commune que pour l'ensemble des 27 car, à 16, elle craint que l'Allemagne ne soit en minorité face au Portugal, à l'Italie, à la Grèce et l'Espagne – aux « PIGS » comme disent si délicieusement les marchés – mais le fait est qu'on voit l'amorce d'un pouvoir fédéral dans le domaine budgétaire.

Imaginez les hurlements qu'on aurait entendus en France, il y a quelques années seulement, à la seule idée de soumettre les projets de budget nationaux à une concertation européenne, avant même qu'ils ne soient présentés aux Parlements nationaux ! Nicolas Dupont-Aignan a un peu gueulé. Le Pen ? Je ne sais même pas, mais il n'y a pas eu de levée de boucliers contre une initiative qui pourrait être une percée très importante et conduire, comme je le souhaite, à poser la question de l'unanimité en matière fiscale puisqu'on ne peut pas avoir de politiques budgétaires coordonnées sans une coordination fiscale à laquelle on n'aboutira jamais si elle continue de requérir l'unanimité.

M.R. : Il y a un peu de panache, là-dedans ! Je vais essayer de ne pas me perdre en route mais j'ai deux remarques, avant d'arriver au fond de l'affaire.

Je suis content qu'Alain ait à l'instant repris la référence à l'Europe puissance car, moi, j'ai cinquante ans de militantisme fédéral dans la peau ! J'ai beaucoup cru à ça mais, en l'affaire, je suis un amoureux déçu et…

A.J. : … Alors que moi je viens d'en tomber amoureux.

M.R. : Je le vois bien, mais écoutez. Un copain néerlandais, ressortissant d'un des pays fondateurs, me dit il y a quelques années : « Michel, cesse de nous empoisonner avec cette histoire d'Europe puissance ! Cette idée est exclusivement française. Nous n'en voulons pas. Je suis d'un pays qui consacre 2 % de son budget à la Défense et il est complètement exclu que nous fassions plus. Sur le plan stratégique, notre solidarité est occidentale. Les Américains sont les majeurs. Votre envie de compétition, de les remplacer dans leur fonction de gendarme du monde, c'est impossible. Elle exigerait un doublement de notre budget militaire. Elle irrite les Américains, nous rend agaçants. Ils nous puniront en grattant sur les contrats d'armement et, en plus, ça n'a pas de sens. Fous-nous la paix ! »

C'était un Néerlandais, pas un Polonais, pas un Bulgare, et une remarque technique, après l'anecdote. Quand l'Europe crée quelque chose, c'est toujours infirme, bancal, c'est toujours incertain et, dans son impuissance politique, l'Union paie cher le fait qu'aucun de ses mécanismes institutionnels ne soit créateur d'intégration. Pour des hommes qui comptent sur leur scène nationale et qui sont élus ou nommés dans les structures européennes, il n'y a aucun bénéfice politique à tirer de batailles menées au nom de l'Europe et pour elle. L'Union ne grandit pas les hommes qui sont passés par ses instances, au contraire, et il n'y a pas non plus d'intégration budgétaire, pas d'impôt européen. On en aurait eu un, même tout petit au début, il aurait grandi, comme l'a fait en France, l'impôt sur le revenu. L'Europe y aurait pris de l'influence et du pouvoir, mais non ! Il n'y a rien dans la manière dont ça marche qui joue pour l'intégration et ce manque crée plus encore de paralysie que la Grande-Bretagne.

B.G. : Michel, tout de même ! Ce n'est simplement pas vrai…

A.J. : … Le Parlement européen, la codécision européenne…

M.R. : Pour commencer, la plupart des députés européens votent en discipline nationale...

B.G. : ... Ni tous ni tout le temps !

M.R. : J'ai quinze ans de pratique : une écrasante majorité d'entre eux. Ensuite, le Parlement européen n'a été que consultatif pendant quinze ans et le Conseil des ministres, les représentants des États membres, en a gardé la terrible habitude de s'asseoir dessus car, pour tout gouvernement, il n'y a rien de plus casse-pieds qu'un Parlement. Ils vous convoquent n'importe quand, ne sont pas polis, vous bouffent votre temps, demandent qu'on leur rende des comptes... On ne le dit pas parce qu'on est démocrate, mais travailler sans Parlement, c'est un vif soulagement et, comme la Commission, elle, a pris l'habitude de ne travailler qu'avec le Conseil des ministres, le Parlement a mis un temps fou à se faire simplement respecter et cela se ressent toujours.

A.J. : N'est-ce pas en train de changer ?

M.R. : Je maintiens ma démonstration. Elle est contestable mais je la maintiens et j'en arrive à l'essentiel. Les raisons pour lesquelles j'ai été fédéraliste pendant cinquante ans sont d'une extraordinaire puissance. Ce n'est pas à moi qu'il faut le dire. Je pleure un manque. Il est évident qu'on a un besoin d'Europe. J'ajouterais même que, lorsque le Conseil des ministres la sabote, il y a alliance immédiate entre la Commission et le Parlement pour essayer de parer le coup. Je crois donc beaucoup à ce que vient de dire Alain. Je pourrais continuer à le dire, sauf... un petit détail, un énorme détail.

Quand vous dites, Alain, que les dégâts de la destruction de la zone euro puis d'une destruction de l'Union seraient tels que nous n'irons pas jusque-là, je crains que vous ne soyez beaucoup trop cartésien. Votre optimisme n'est, à mes yeux, que méthodologique et philosophique car les décisions de déclin, ça existe. Les suicides collectifs, on a vu ça dans l'histoire et, plus qu'un sujet de réflexion, le déclin de l'Empire romain devient pour moi un exemple tragique.

Vous avez complètement raison mais, pour que vous ayez totalement raison, il faudrait que nous nous montrions rationnels à chaque moment et calculions constamment le prix de nos décisions. Ce n'est pas toujours ce qui se passe. La colère destructrice, ça existe. La colère négatrice aussi et, comme on n'est pas en train de réduire la crise économique, comme nous devons avoir à l'esprit que le chômage et, surtout, la précarité du travail continueront de se développer en Europe, que l'insatisfaction électorale va croître, que les votes atypiques vont se multiplier et que des extrémismes vont prospérer et prospèrent déjà, à droite comme à gauche, je crains beaucoup l'éclatement par accident que votre propos n'envisageait pas.

À ce détail près, j'accepte tout ce que vous avez dit mais accordez-moi l'importance du détail qui, au demeurant, ne change rien à la profondeur de mes convictions et ne m'empêche pas de continuer à espérer l'Europe. J'ai toujours soutenu la volonté intégratrice au Parlement européen et je l'ai parfois fait contre mon propre gouvernement et parfois aussi contre la délégation socialiste. J'ai toujours voté dans ce sens-là, parlé dans ce sens-là, et je continuerai. C'est indéfectible. Je reste européen mais il y a, également, comment dire... Le tempo.

Tout ce que vous avez dit sur la Yougoslavie est vrai mais il n'en reste pas moins que nous étions en retard sur l'événement. L'Europe n'était pas prête à affronter une crise de cette taille, même sur son territoire, et vous avez omis un point. Après avoir commencé par exploser en désaccords, on a trouvé l'accord mais la toute première décision dont les Européens soient convenus – fallait bien en trouver une – ce fut de faire appel aux Américains. Tout de même !

Et le reste... L'humanité est dans une rare rencontre de crises qui est quand même un peu inquiétante. C'est une simultanéité, tout n'a pas les mêmes causes, mais nous sommes dans un monde où la crise des produits dérivés a favorisé l'augmentation du prix des matières premières et débouché sur des émeutes de la faim en Afrique ; où la titrisation voleuse des *subprimes* a provoqué une crise financière dont nous ne sortons pas ; où la part des salaires et des revenus de protection sociale baisse depuis trente ans dans toute l'Europe ; où la pauvreté revient avec le chômage et le travail précaire ; où nous continuons à croire à la primauté du libre-échange alors que la Chine, l'Inde et quelques autres tuent nos industries !

Ça craque de partout, et l'Europe ? Oui, elle se fait. Oui, elle progresse. Oui, elle avance, c'est vrai, mais à quel rythme ? À celui d'une vieille dame, à un train de sénateur, à coup de compromis médiocres qui sont, bien sûr, indispensables mais toujours incompréhensibles et toujours en retard sur la nécessité alors que tout ça se conjugue avec le réchauffement climatique, un tarissement des ressources naturelles, une pollution chimique que nous ne maîtrisons plus, le terrorisme et surtout une criminalité organisée qui tue infiniment plus que les djihadistes. Rien de tout cela ne laissera indemne le projet européen. Il y a des calendriers, impérieux, et le fait que l'Europe politique ait été capable de ce que vous avez eu raison de rappeler n'empêche pas de constater que nous ne sommes pas dans les délais alors que les urgences s'accumulent.

Aujourd'hui, le problème majeur est d'organiser la sortie de la crise financière et bancaire en partenariat avec les Chinois. La Chine se civilisera mais il lui faudra cent ans pour y arriver. On ne peut pas attendre qu'elle y parvienne. Il faut traiter avec elle, maintenant, sérieusement, c'est-à-dire sans préalable tibétain car chaque fois qu'on le pose on lui interdit d'entrer avec nous dans une coopération intelligente sur le contrôle bancaire et le réchauffement climatique. On ne doit pas oublier le Tibet mais nous ne pourrons pas obliger les Chinois à bouger sur ce vrai problème tant qu'ils n'en ressentiront pas, eux-mêmes, la nécessité, alors que nous pouvons faire des progrès avec eux sur les grandes questions de l'équilibre mondial.

Ce ne sera pas facile. Comme Mme Merkel, la Chine sort du communisme et découvre le capitalisme, celui de Milton Friedman, et trouve ça formidable. On n'a pas quinze ans pour la faire adhérer à une vision régulatrice, pour lui faire tourner le dos à cette poursuite de la dérégulation que souhaitent les banques et qui mènera à des crises financières tous les quatre ou cinq ans et au massacre de l'économie réelle. C'est la première urgence et il y a tous les sous-problèmes, des problèmes qui ont besoin de solutions mondiales, des problèmes aussi majeurs que la taxe carbone, la coopération policière, la lutte contre les gaz à effet de serre ou la coordination antiterroriste dans un respect du monde musulman qui n'est terroriste que pour ½ %, sans l'approbation d'autorités religieuses qui ne se planquent que parce qu'il y a une solidarité collective dans la colère contre l'Occident.

Les Américains ne comprennent pas ça. C'est un peuple trop jeune, trop fort pour son âge, qui n'a pas l'expérience de l'Histoire et de sa violence. Alors oui, l'Europe a plus d'expérience du monde. Ses réponses sont décisives. Elles sont très attendues. Elles sont bonnes. Le rapport Brundtland sur le développement durable, c'est européen. L'Europe travaille beaucoup mais l'Europe qui travaille, c'est l'Europe géographique, des gens formés par son modèle culturel et son histoire mais complètement indépendants de ces institutions de l'Union qui n'ont pas de validité et ne sont pas en prise avec les urgences du monde. Je prie le ciel que vous ayez raison mais les urgences du monde ne sont plus là.

B.G. : Alain Juppé, y a-t-il un optimisme de la volonté à opposer à ce pessimisme de la raison exprimé par Michel Rocard ?

A.J. : Je crois l'avoir montré tout à l'heure.

M.R. : Et puis, l'optimisme de la volonté, nous l'avons tous les deux.

B.G. : Ça m'a échappé.

M.R. : Vous ne m'avez pas écouté, à l'instant ?

A.J. : Je ne suis pas complètement exempt de pessimisme. Les raisons de douter sont fortes. Le risque existe, je l'ai dit, mais ce que je veux, c'est le conjurer et je crois qu'il y a des moyens de le faire. Vous dites, Michel, qu'il n'y a pas de mécanismes d'intégration mais je ne suis pas tout à fait d'accord car l'Europe est productrice de normes qui sont par nature fortement intégratrices…

M.R. : … Oui, mais cela n'a pas de vertu politique ou institutionnelle.

A.J. : Cela amène à rapprocher les systèmes économiques et même juridiques. Les normes ont une vertu intégratrice et…

M.R. : … Naturellement ! C'est vrai, mais l'Union n'a pas de mécanismes intégrateurs de pouvoir. C'est ça que j'ai dit.

A.J. : Et c'est bien là-dessus que je ne suis pas d'accord ! La norme crée du pouvoir, c'est une forme d'intégration qui peut conduire à l'émergence d'un pouvoir politique car, la norme, il y a bien quelqu'un qui l'édicte. C'est encore, souvent, le Conseil des ministres, les représentants des États membres, mais il doit le faire désormais en codécision avec le Parlement et, justement, ce Parlement, je suis quand même très intéressé par ce qui s'y passe car, même s'il y a des urgences, toutes les urgences que vous avez rappelées, il faut se situer dans le temps long. Ce Parlement est tout jeune. Ses pouvoirs évoluent. Il faut lui laisser le temps de se roder, de faire son apprentissage du pouvoir, et j'ai été frappé qu'il ait récemment refusé, au nom de la protection de la vie privée des citoyens européens, la communication aux autorités américaines des données de passagers aériens. Le Parlement a voté une liste des conditions préalables à remplir pour accepter l'accord. C'est peut-être une petite chose mais...

M.R. : ... Non. Ce n'est pas une petite chose.

A.J. : Elle est, en tout cas, importante car, au nom de l'autonomie et de l'indépendance de l'Europe, d'une vision européenne des libertés individuelles et de leur protection, ce Parlement a pris une position contraire aux souhaits, tout à la fois, des gouvernements européens, de la Commission et des États-Unis.

Deuxième remarque : vous avez raison de dire que les peuples peuvent se suicider. C'est tout à fait vrai. Les exemples historiques abondent, mais la poussée de l'extrême droite dans certains de nos pays est un mouvement pendulaire et le risque de dérèglement des démocraties européennes est tel qu'il finira bien par provoquer un sursaut des électeurs et des grandes forces politiques. Vous me direz que c'est un peu trop cartésien, peut-être, mais je ne désespère pas de la Raison. Troisième remarque, il est vrai que beaucoup d'Européens raisonnent en termes de solidarité euratlantique et sont donc sourds au projet d'Europe politique mais ils ne pourront pas longtemps continuer à ignorer que le monde a radicalement changé depuis vingt ans, que les Américains ne sont plus sur cette ligne-là et qu'il suffit, pour s'en convaincre, de voir le comportement d'Obama. Les États-Unis ne regardent plus, d'abord, l'Europe mais, d'abord, l'Asie, la Chine, en particulier, comme vous l'avez vous-même souligné, et les Européens, tous les Européens, vont devoir relever le défi du déclin.

L'Europe n'est plus le centre du monde. La redistribution des cartes est telle – c'est une banalité de le dire – qu'il y aura suffisamment de gens lucides en Europe pour comprendre qu'on ne conjurera pas ce péril du déclin relatif en ordre dispersé, un par un, et pour trouver là une puissante incitation à aller plus loin dans l'intégration européenne. J'en suis convaincu mais, pour cela, quatrième remarque, il nous faudra cesser de faire des bêtises et de prendre des décisions qui réduisent encore cette petite chance qui nous reste d'aller vers l'Europe politique car il n'y a pas que votre Néerlandais pour dire que l'Europe ne veut pas être une puissance. Beaucoup de mes amis français me disent aussi qu'il n'y a plus que quelques gaullistes et quelques fédéralistes pour encore en rêver, avec des motivations différentes. Cette tentation de la grande Suisse à laquelle vous avez fait allusion existe bel et bien. Elle est forte, si forte qu'il nous faut consolider l'Union, lui donner un pilotage budgétaire et fiscal, faire comprendre ses institutions et les roder avant de procéder à de nouveaux élargissements qui ne seraient pas admis et compliqueraient encore les choses. Il nous faut une pause dans l'élargissement de l'Europe, une pause durable, et digérer aussi ce qu'on a fait sur le plan institutionnel avant d'aller plus loin. À ces deux conditions, je reste confiant mais, vous, Michel… Vous n'y croyez pas ?

M.R. : Je ne dis pas ça. Sur le très long terme, je pense que vous avez raison parce que les États-Unis sont en fin de domination mondiale et qu'il y aura un besoin de réveil de la civilisation occidentale. Au fond, je me suis borné à dire que l'urgence des problèmes mondiaux ne nous permet pas de considérer l'Europe d'aujourd'hui, dans son état institutionnel, comme un outil pertinent.

A.J. : J'adhère à cela.

M.R. : Ce qui veut dire que nos points de vue sont complémentaires et non pas opposés, que je ne désapprouve pas cet espoir de faire ré-émerger un peu d'Europe politique dans l'Union et que j'ai même dans la tête, à l'appui de cet espoir, un argument que vous n'avez pas encore eu. On dit que la fonction crée l'organe mais il arrive, aussi, que l'organe crée la fonction. Il n'y a plus de politiques pour défendre l'Europe. La Commission est nommée pour être timide. Il n'y a plus un seul dirigeant, au Conseil européen, qui soit prêt à prendre des risques pour le compte de l'Europe mais les services sont là, la vocation à croître et à mieux faire le travail est aussi là. Il y a des propositions intelligentes. J'essaie d'en faire et je ne suis pas le seul. Il y a un appareil, injustement décrié, un organe qui est créateur d'Europe et la défend, comme il peut.

Pour ce qui est des élargissements (je prendrai le cas de la Turquie à la fin), leur excès de rapidité découle de la capacité qu'a eue la Grande-Bretagne d'empêcher, à chaque fois, que nous conditionnions l'élargissement à un approfondissement. On a tous vécu ça. Nous avons, à chaque fois, perdu parce qu'il y avait une absolue volonté anglaise de…

A.J. : … Vous apportez de l'eau à mon moulin car, si nous sommes d'accord pour penser que la volonté de la Grande-Bretagne n'est pas d'avancer vers l'Europe politique, son enthousiasme à soutenir les élargissements me conforte dans l'idée qu'il ne faut pas aller trop loin dans cette direction. Il fallait le faire là où on l'a fait. Il fallait le faire pour les pays d'Europe centrale, mais maintenant…

M.R. : … Pardon, Alain, mais vous en parlez comme si nous y pouvions quelque chose.

A.J. : Mais oui ! La France peut dire « non ».

M.R. : Vous nous voyez sérieusement dire « non » à la Serbie après avoir dit « oui » à la Slovénie ?

A.J. : Je ne parlais pas des Balkans. Personne ne pourrait dire que les Balkans ne se situent pas en Europe et ces pays ont, évidemment, vocation à rejoindre l'Union, dès lors qu'ils se seront démocratisés et auront retrouvé la paix civile, ce qui reste à faire au Kosovo comme en Bosnie.

M.R. : Sur les Balkans, nous ne pourrons ni ne devrons nous y opposer et je me battrai comme un chien pour qu'on ne dise même pas « non » à l'Albanie.

A.J. : Sur les Balkans, vous avez raison. C'est le voisinage que j'avais en tête.

M.R. : Alors restent l'Ukraine et le cas turc. Si d'aventure l'Ukraine sort de ses drames intérieurs avec une volonté européenne et l'idée de faire contrepoids au camarade Poutine, nous ne pourrons et ne devrions pas lui refuser l'adhésion alors que nous aurons ouvert la porte à la Serbie et à la Moldavie, très francophile et un peu francophone.

On a encore trois ou quatre élargissements complètement inévitables et, sur le cas turc, mon jugement est très formel. Je commence à bien connaître ce pays. J'ai rencontré les plus importants de ses ministres. Je suis même un peu pote avec son président, Abdullah Gül, et son ministre des Affaires européennes. Ils sont sur une diplomatie de la déception. Ils cherchent à ré-orientaliser la Turquie comme une compensation à leur espoir déçu d'entrer dans l'Union. Ils le disent, le martèlent, et le projet sous-jacent, c'est de dupliquer notre marché commun en en organisant un entre l'Iran et eux.

Ce n'est pas fait mais, si la porte européenne venait à vraiment se refermer à leur nez, le commandement passerait au Moyen-Orient aux deux pays non arabes de la région, l'Iran et la Turquie, que l'Irak et la Syrie, deux pays arabes, seraient aussitôt prêts à rejoindre. Pas besoin de vous dire ce que cela signifierait en termes pétroliers – deux des principaux producteurs mondiaux, les deux pays les mieux éduqués de la région, unis dans une zone de prospérité – mais c'est nous qui aurions poussé les Turcs à jouer cette carte, à nos dépens, alors même que, depuis près de deux siècles, la Turquie ne souhaite qu'une chose : s'intégrer à l'Europe. Bel exemple d'attitude suicidaire des Européens.

A.J. : Je ne partage pas vos certitudes. Il y a deux interprétations possibles, et largement contradictoires, de l'actuelle évolution de la diplomatie turque, de ce rapprochement avec l'Iran et de cette prise de distance avec Israël. Est-ce le fruit amer des réticences que nous avons manifestées à leur entrée dans l'Union ou...

M.R. : Ce n'est pas seulement ma vision ! Ils me l'ont dit !

A.J. : Ils vous le disent mais, moi, je n'en suis pas totalement convaincu. C'est une thèse qui a de la vraisemblance, mais je ne suis pas certain que, même si les négociations d'adhésion avaient beaucoup plus progressé, cela ne se serait pas produit.

M.R. : Si la perspective d'adhésion était restée ouverte, si les pourparlers avaient avancé, rien de tout cela ne se serait passé. Nous avons poussé la Turquie dans une direction hyperdangereuse, et pas seulement pour Israël.

A.J. : Je ne peux pas le démontrer mais est-ce que ça ne se serait pas passé, de toute façon, même si on les avait admis dans l'Union européenne ? N'aurions-nous pas couru le risque, au moins, de devoir compter au sein de l'Union avec une évolution de la Turquie qui est profondément liée à sa géopolitique, à son influence, historique et linguistique, en Asie centrale et à une vision de ses intérêts au Proche-Orient qui n'est pas forcément la nôtre ? Contrairement à vous, je ne tranche pas mais, compte tenu de l'état de l'Union, ma certitude est qu'il est urgent d'attendre, vis-à-vis de la Turquie comme de l'Ukraine.

Si l'on veut préserver l'espoir de bâtir une Europe politique, c'est une précaution à prendre mais qu'il n'y ait pas d'ambiguïté sur ma position vis-à-vis de la Turquie. Je le disais encore à l'automne à Istanbul, à des amis Turcs : ce n'est pas parce qu'elle est un pays musulman, aux franges de l'Europe et de l'Asie, que le moment de son adhésion n'est selon moi pas venu. L'islam a sa place en Europe. Il y est déjà. Vouloir l'en chasser serait crime et folie. L'objectif, c'est de bâtir avec les responsables du culte musulman un islam qui intègre la laïcité et les valeurs républicaines. Je suis sûr que c'est possible. Alors pourquoi suis-je partisan d'attendre ?

Parce que l'Union européenne est dans un tel état de fragilité aujourd'hui que lui demander d'absorber de nouveaux États membres d'un tel poids économique, politique, humain, c'est la déstabiliser durablement. Trouvons donc des moyens de resserrer nos liens. Sur le plan économique, c'est fait. Sur les plans politique et culturel, il faut sans doute aller plus loin.

B.G. : Et si l'on remplaçait la précaution par l'audace ? Le moyen de rendre compatibles l'affirmation politique de l'Union et les adhésions de la Turquie et de l'Ukraine existe. On le connaît. Ce serait que les principales puissances européennes, celles de la zone euro, s'unissent dans un fédéralisme, économique et, donc, politique, et forment ainsi un wagon de tête assez solide pour que ces élargissements ne déstabilisent pas l'Union. Je me trompe ?

A.J. : Votre solution, c'est la résurgence de l'idée d'Europe à deux vitesses : formons un cœur autour de la monnaie unique, de ce fédéralisme budgétaire et fiscal européen qui sortira peut-être de la crise, et étendons, autour de ce cœur, un marché commun dont l'élargissement poserait, dès lors, moins de problèmes. Oui… Pourquoi pas ? Je ne serais pas contre, au contraire, mais je ne crois pas du tout que, dans l'Union à 27, les conditions soient aujourd'hui réunies pour aller dans cette direction. Regardez la position d'Angela Merkel. Elle ne veut pas de régulation budgétaire et de pilotage budgétaire à 16. Elle n'en veut qu'à 27 et elle semble avoir gagné, là, sur Nicolas Sarkozy.

B.G. : Et vous pensez que cela empêchera longtemps que cela se fasse à 16 ?

A.J. : Je constate que, pour l'instant, ça ne se fait pas à 16 et qu'il y a là-dessus une forte réticence. À une certaine époque, avec d'autres, j'ai beaucoup milité pour le « noyau dur » mais, bon… Le fait est qu'on n'y arrive pas. Quand on a voulu organiser une coopération renforcée sur la Méditerranée, qu'est-ce qu'on nous a répondu ? L'Allemagne nous a répondu : « Non, on y va tous ensemble, avec la Commission et les 27. » Le noyau dur serait une bonne direction mais, comme je ne vois pas de possibilité que l'un de nos partenaires essentiels l'accepte, j'en reviens à l'idée qu'il vaut mieux avoir votre géométrie à deux vitesses avec les 27 d'un côté et, autour d'eux, des partenariats privilégiés car, attention, on parle toujours de l'Ukraine et de la Turquie, mais le Maroc… ?

M.R. : Pour l'heure, le nouveau candidat, c'est l'Islande.

A.J. : Oui... Mais l'Islande, c'est 300 000 habitants. Le Maroc a un peu plus de poids et je continue donc à penser que, pour cet environnement géographique de l'Europe, la bonne solution serait d'essayer de travailler à des accords de partenariats pouvant comporter une dose de politique, une coopération en matière de sécurité ajoutée à des doses d'union économique et, sans doute, douanière, mais sans que ce soit le *full membership*, avec les députés au Parlement européen et tous les mécanismes communautaires qu'on connaît. Vous m'objecterez que les Turcs n'en veulent pas. Je le sais mais faut-il y renoncer pour autant alors qu'on ne sait pas ce qui se passera dans vingt ans ? Sur les vingt prochaines années, c'est plutôt ce schéma-là que je vois car le vôtre, Bernard, aussi excellent soit-il, est purement théorique.

M.R. : Le fait est qu'il y a une propension dans l'Union à s'abriter derrière l'égalité entre États membres, derrière l'obligation qu'il y aurait à marcher du même pas, pour refuser un renforcement de l'intégration européenne.

B.G. : Alors une question pour vous, Michel Rocard. Il n'est pas invraisemblable qu'aux prochaines élections européennes ou à celles d'après, dans la décennie qui vient, demain matin, on voie apparaître des partis réellement paneuropéens qui se battent pour constituer une majorité parlementaire européenne et que les vainqueurs prennent, ainsi, le contrôle de la Commission qui deviendrait alors un gouvernement élu procédant d'une majorité parlementaire élue, comme dans toute démocratie. En une décennie, l'Europe politique pourrait faire un bond spectaculaire.

N'est-ce pas, là, une raison de croire en elle ? Ce à quoi il faudrait, au moins, travailler ?

M.R. : L'idée que la Commission serait élue par le Parlement et contrôlée par lui, c'est en effet tout à fait possible. Il y a une inertie formidable, l'état actuel de l'Europe démobilise les partis mais, oui, les traités le permettent, on peut même dire que c'est l'esprit des institutions européennes, leur dynamique en tout cas, et les sociaux-démocrates sont d'ailleurs regroupés dans un Parti des socialistes européens dont l'ambition est exactement cela...

A.J. : De même que les droites le sont, dans le PPE.

B.G. : Sauf qu'il s'agit beaucoup plus de groupes parlementaires que de vrais partis, structurant et animant une vie politique européenne.

M.R. : Je ne dirai rien du PPE mais, pour ce qui est du PSE, vous êtes trop sévère. Ça bouge un peu, dans la direction que vous souhaiteriez. C'est pour cela que nous avons porté à sa tête Poul Nyrup Rasmussen dont c'est l'option mais, si l'on en revient au fond, à cette dynamique parlementaire de l'Europe que j'approuve et ferai tout pour soutenir, je la vois se développer plus tard que vous ne le pensez, dans trois ou quatre élections plutôt qu'aux deux prochaines.

Cela fait quinze ou vingt ans et, entre-temps, on n'aura pas gagné la bataille contre l'effet de serre car nous sommes en train de la perdre. On aura également perdu la campagne pour la régulation financière mondiale et mon pronostic est que, ne sachant pas traiter le ralentissement de la croissance, nous aurons des économies de plus en plus faibles, toujours plus affaiblies par la confrontation commerciale avec les grands émergents et de plus en plus douloureusement frappées par les bulles que le système financier va continuer de produire partout.

À terme, vous avez raison. L'Europe politique finira par se faire mais je maintiens ma conclusion de tout à l'heure : pour les coups sérieux d'aujourd'hui, nous ne pouvons pas compter sur l'Union. Notre devoir de citoyen est de transmettre une vision aux générations suivantes, de continuer à faire l'Europe qui, j'en suis d'accord, pourrait être opérationnelle vers 2050, mais les batailles du moment – l'effet de serre, le développement durable, la régulation financière – sont mondiales et c'est sur elles qu'il faut mobiliser nos citoyens.

B.G. : Vous n'évoquez, ni l'un ni l'autre, le fait que la France, l'Allemagne et la Grande-Bretagne aient décidé de s'engager ensemble, sans le reste du monde, dans une taxation des banques visant à créer un fonds anticrise. L'Europe bouge et dans le bon sens, celui d'une régulation.

M.R. : Vous êtes bizarre dans cette conversation ! On fait des choses, l'Europe existe, bravo les gars ! J'adhère. Je suis un Européen convaincu, je continue de l'être, mais aussi louable que soit cette décision, elle n'est que nécessaire mais certainement pas suffisante, certainement pas à la hauteur des problèmes qui vont nous tomber dessus. Nous ne sommes pas au tempo des problèmes de la planète qui sont massifs et cruellement urgents.

B.G. : Mais qui l'est ? Qui le serait plus que l'Europe ?

A.J. : Ce n'est pas une réponse.

B.G. : C'en est une car, si nous ne sommes pas meilleurs que les autres, nous ne sommes certainement pas pires et cela ne nous condamne pas.

M.R. : Mais je n'ai jamais condamné quoi que ce soit. J'ai émis un pronostic d'avenir pessimiste qui est un regret, pas une condamnation.

A.J. : Vous nous avez dit quand même, Michel, que le projet d'Europe politique était mort ! Moi, je continue à dire qu'il respire encore.

M.R. : Laissez-moi introduire une nuance qui nous permettra peut-être de nous retrouver plus en accord ensuite. Ce qui me paraît assurément mort, c'est l'idée d'une politique étrangère et d'une politique militaire communes.

A.J. : Pourquoi ? Il y a dix ans que nous faisons de vrais progrès dans ces domaines. On a déployé plusieurs opérations communes, sous l'étendard européen, qui n'ont pas été de formidables réussites, d'accord, mais qui ont eu le mérite d'exister.

M.R. : Exact. L'un dans l'autre, c'était des réussites, mais des réussites humanitaires... Les Tchèques, les Hongrois, tant d'autres, quand vous parlez de sécurité, la référence américaine est totale, l'Europe n'existe pas.

B.G. : Pardon pour eux mais ce ne sont pas les pays qui comptent.

M.R. : Ils ont un droit de vote, comme Mme Merkel et M. Sarkozy, et ils votent contre l'intégration européenne. Vous le regrettez ? Je le regrette au moins autant que vous mais disons les choses différemment, pour me faire mieux comprendre. Ce que je crois, c'est que le rêve européen initial, le mien, peut-être un peu le vôtre, celui de Chaban peut-être, pas seulement celui des sociaux-démocrates et des démocrates-chrétiens, était de bâtir une Union qui conserve à l'Europe les fonctions qu'avait chacun de nos pays du temps de Metternich. Dans un monde qui était alors réduit à l'Europe, chacune des nations contribuait à un équilibre international mais ce rêve de faire de l'Europe une des nations d'un univers à la Metternich, ce rêve-là est mort. L'Europe n'est pas un acteur de la scène internationale, d'un nouveau concert des nations avec les États-Unis, la Chine, la Russie, l'Inde ou le Brésil.

Nous avons fait l'Europe économique. Elle patine un peu. Elle prend trop son temps. Ce temps est crucial car il y a des périodes plus dangereuses que d'autres, mais nous sommes très intégrés économiquement. Plus aucune nation européenne n'aura envie de faire la guerre à une autre. Ce n'est pas rien. C'est beaucoup. C'est énorme mais dans un monde où tout se mêle, politique, économie, environnement, ce considérable succès est finalement bien peu de chose. On attend 100 millions de réfugiés climatiques en 2030, demain matin ! Je le répète, j'approuve votre rêve qui est le mien. L'Europe a créé son niveau de compétences. Elle est utile et elle a de la richesse. Elle a une communauté de culture et je crois en effet à sa réémergence car l'organe est là et va créer la fonction mais j'ai peur pour les vingt ans qui viennent, parce que, là, nous n'existons pas, que nous restons divers, voire divergents, que nous ne compterons pas en tant qu'Europe dans les deux ou trois décennies à venir et que cela nous menace autant que cela menace le monde. Voilà comment je sens les choses.

A.J. : On voit bien, maintenant où l'on se retrouve et où l'on se distingue. Je partage votre diagnostic. L'Europe capable de défendre des positions diplomatiques communes et d'avoir, sinon une armée commune, du moins une capacité d'intervention extérieure confortant cette vision diplomatique n'existe pas. J'en suis d'accord mais je pense, moi, que nous avons construit une mécanique qui porte en elle-même des développements futurs et dont la logique va dans le sens d'une Europe politique et que l'évolution du monde nous contraindra à prendre cette direction car le moment n'est pas loin où les peuples européens se diront : « Est-ce qu'on disparaît de la carte ou est-ce qu'on essaie d'exister ensemble ? » Je reconnais que le timing est extrêmement compliqué, que ça va très vite, beaucoup plus vite que nous n'allons, nous, mais ce n'est pas une raison pour moi de penser qu'on n'y arrivera pas.

M.R. : Je n'ai pas dit que l'on n'y arriverait pas. Je crains qu'on arrive trop tard.

B.G. : C'est ne pas y arriver que d'arriver trop tard.

A.J. : Exactement : ça veut dire que le système se sera effondré avant.

M.R. : Si vous faites cette synonymie, oui, c'est ça que je dis.

B.G. : Alors étendons la question. L'avenir de l'Occident, dans son ensemble, est-il aussi incertain que celui de l'Europe ? On dit beaucoup, de plus en plus, que ce siècle sera celui du déclin de l'Occident dont la prédominance mondiale, établie depuis la Renaissance, serait irrémédiablement menacée mais est-ce aussi certain ?

A.J. : Certain, non, mais possible, oui. Quand je me reporte au début de ma vie politique, au milieu des années 1970, je me dis le monde était simple : un bloc soviétique puissant, un Occident sûr de lui et de ses valeurs et un tiers-monde qui est largement hors jeu. C'est en réalité beaucoup plus complexe que cela : la Pologne, la Hongrie, la Tchécoslovaquie et le schisme chinois ont déjà fissuré le monde communiste ; l'Occident est moins uni qu'il n'y paraît, la France gaulliste y fait entendre une autre voix, et le tiers-monde est tout sauf homogène avec des pays sous influence, occidentale ou soviétique, des non-alignés qui souvent le sont vraiment et, surtout, des différences économiques puisque la Chine n'est pas le Mali ou que le Costa Rica n'est pas la Malaisie. Au-delà du bipolarisme, il y a des facteurs de diversité mais le monde n'en est pas moins lisible et l'on peut se dire, rétrospectivement, que l'équilibre de la terreur assurait une certaine stabilité, même s'il y avait des conflits périphériques, parfois sanglants.

L'Empire soviétique s'écroule et, dès 1989, l'Europe doit relever les deux défis que sont sa réunification avec l'Europe centrale et l'unification de l'Allemagne. L'Asie centrale réapparaît sur la carte politique où, jusqu'à aujourd'hui, sa place et son rôle restent à déterminer et la Russie entre dans une séquence folle, avec un libéralisme à tout crin, des privatisations incontrôlées et une disparition de l'État – une grande pagaille, en un mot. Un temps, l'Occident se voit vainqueur. Il en vient à croire que ses valeurs sont en train de s'imposer au monde entier, que tout va bien, que c'est « la fin de l'Histoire » dans un monde unifié par le triomphe de sa civilisation et, fondamentalement, il y croit tellement qu'il ne voit pas le décollage qui va rebattre toutes les cartes, celui de la Chine et d'autres nouvelles puissances.

Vingt ans après, c'est le complet bouleversement que vous évoquez. La force des pays émergents est devenue telle, en deux décennies seulement, que le centre de gravité de la richesse et même des valeurs est en train de se déplacer. On voit bien que les valeurs occidentales de démocratie, de Droits de l'Homme et d'état de droit ne sont pas celles de la Malaisie ni celles de la Chine. Après dix années de turbulence, la Russie renoue avec une fierté et des ambitions de puissance que Vladimir Poutine lui a rendues en restaurant l'État et en apportant une forme d'ordre – critiquable mais auquel les Russes, c'est un fait, aspiraient après avoir été complètement déboussolés par le chaos de leur sortie du communisme. Les États-Unis sont toujours là, avec une capacité de domination très résiliente, mais un pays comme le Brésil manifeste déjà sa volonté de jouer un rôle diplomatique proportionnel à son émergence économique. L'Europe est en plein désarroi dans un monde dont nous ne sommes plus le centre. Pour elle, c'est très dur à vivre car elle a été si longtemps centrale qu'elle n'avait jamais envisagé qu'elle ne le resterait pas éternellement mais c'est en fait un retour de balancier puisque la Chine, après tout, avant même la Renaissance européenne, avait été l'une des puissances économiques dominantes de la planète.

B.G. : Sauf qu'elle n'était pas un acteur mondial mais jouait dans son coin. Contrairement à aujourd'hui, nous n'étions pas confrontés à la puissance de la Chine.

A.J. : Elle jouait dans son coin parce que nous étions enfermés dans notre monde à nous. Économiquement parlant, la Chine pesait déjà un tiers de la puissance mondiale mais, oui, c'est vrai, comme nous ne le savions pas, comme chacun jouait sa partie dans des mondes cloisonnés, nous échappions au doute qui nous assaille désormais, car, vingt ans après la chute du Mur, nous ne sommes plus certains d'être porteurs d'un modèle d'avenir.

B.G. : Mais quand vous dites « nous », c'est « nous, les Européens » ou « nous, les Occidentaux » ?

A.J. : Les Européens. Je parle de l'Europe. Les États-Unis restent une puissance alors qu'il y a un vrai problème de l'Europe. Au tournant du siècle, deux livres m'avaient beaucoup frappé : *Le Rêve européen* de Jeremy Rifkin et *Why will Europe run the 21st century, Pourquoi l'Europe dominera le XXIe siècle*, de Mark Leonard…

M.R. : … J'ai eu les mêmes lectures.

A.J. : … C'était, alors, l'idée dominante. Avec sa marche vers l'unité et la naissance de l'euro, l'Europe semblait pouvoir devenir la plus grande puissance de ce siècle mais, aujourd'hui… Bon, avec toutes nos différences d'appréciation sur l'état de l'Union européenne, nous sommes d'accord pour dire, Michel et moi, que ce n'est pas le cas. On voit aujourd'hui se configurer un monde totalement multipolaire, constitué de pôles de puissance qui sont essentiellement des nations, les États-Unis, la Chine, l'Inde ou la Russie, et j'en arrive donc à deux questions cardinales.

Premièrement, est-ce que ce monde multipolaire est plus dangereux que celui de la guerre froide et de ses blocs ? En d'autres termes, est-ce qu'on en revient – mais à l'échelle mondiale et non plus seulement européenne – à l'équilibre des puissances du XIXe ou, plutôt à leur déséquilibre, et est-ce qu'on ne risque pas d'aller à des affrontements, encore plus terribles que ceux d'alors, quand on voit l'effort de défense que déploie la Chine ou certaines résurgences du nationalisme russe ? Comment accompagne-t-on cette multipolarité de nouveaux progrès du multilatéralisme et de la gouvernance mondiale ? Et, d'abord, est-ce que le multilatéralisme est mort ou a-t-il encore des perspectives devant lui ?

Il y a des arguments dans les deux sens. On l'a vu échouer, à Copenhague, dans le domaine du développement durable. L'OMC est pour l'instant bloquée mais Pascal Lamy reste confiant et répète qu'on va y arriver. Sur le G8 et le G20, les appréciations sont très différentes. Les uns disent : « On n'aboutit à rien » ; les autres que « ça progresse ». Jean-Claude Trichet est de la seconde école : « On avance sur la régulation financière, on travaille et tout ça va avancer. » Peut-être mais, moi, je ne vois rien arriver de très concret. Je me demande si l'on pourra vraiment surmonter cette crise du multilatéralisme et quid de l'Europe dans tout ça ?

C'est la deuxième question : est-ce que le déclin auquel elle est condamnée est un déclin en valeur absolue ou en valeur relative ? En valeur relative, oui, il est écrit et inévitable. La redistribution des cartes est telle dans le monde que nous n'aurons plus jamais la position dominante que nous avions occupée depuis le XVIe siècle mais peut-être est-ce aussi le cas en valeur absolue. Côté handicaps, nous avons une démographie déclinante, sauf en France ; une perte de compétitivité absolument évidente et, sans doute aussi à terme, c'est en marche, un réajustement des niveaux de vie et des pouvoirs d'achat entre pays émergents et vieux pays industriels. C'est une réalité extrêmement douloureuse qui est devant nous et qu'il faudra bien assumer mais côté atouts, nous avons une capacité d'innovation qui reste forte en Europe, un potentiel scientifique qui demeure considérable et une richesse qui nous donne une très importante base, un considérable avantage.

Les courbes de croissance établies par l'Onu ont de quoi faire froid dans le dos. En 2010-2011, la croissance de l'Asie devrait être de 7 % ; celle de l'Amérique latine et de l'Afrique de 4 % ; celle des États-Unis de 2,5 % à 3 % et celle de l'Europe... autour de 1 %. La tendance est actuellement plus basse en Amérique, peut-être un peu plus haute en Europe, mais la tendance est globalement celle-là. Voilà ce à quoi nous sommes confrontés et nous ne pouvons pas nous rassurer en misant sur notre capacité d'innovation sans nous demander si nous sommes vraiment sûrs d'avoir toujours un temps d'avance sur les autres.

La seule voie de salut qui nous soit donnée, à nous l'Europe, c'est de conserver un coup d'avance en matière de recherche, d'enseignement supérieur et d'innovation, de nous en donner les moyens en mettant en œuvre la stratégie de Barcelone ou celle du grand emprunt. Il y a belle lurette que la Chine n'est plus simplement l'usine du monde. Tout va très vite ! La Chine est aussi le laboratoire du monde et fait de tels efforts en matière de recherche, d'enseignement supérieur et d'innovation, des efforts plus grands que les nôtres, qu'il n'est pas acquis que nous gardions ce temps d'avance. C'est ce qui explique cette angoisse européenne, si particulièrement ressentie en France, et mon premier constat est donc plutôt alarmiste, plutôt pessimiste, même si j'essaierai de montrer, dans le courant de la discussion, en quoi nous avons des possibilités de rebond.

B.G. : Est-ce que Michel me permet encore deux questions à Alain Juppé… ?

M.R. : Allez-y !

B.G. : Vous parlez de déclin européen plutôt qu'occidental mais est-ce que les taux de croissance que vous venez de citer ne devraient pas vous inciter à autant de pessimisme sur les États-Unis dont les chiffres deviennent, d'ailleurs, tout aussi alarmants que ceux de l'Europe ? Et, deuxième question, ne s'affole-t-on pas trop, à l'inverse, de la croissance des émergents en oubliant leur point de départ ? Peut-être vaut-il mieux, après tout, 2 % de croissance par rapport à la base occidentale que 10 % par rapport à celle de l'Asie ?

A.J. : Sur le deuxième point, vous avez raison. Je me rappelle avoir demandé à mes interlocuteurs chinois, au cours d'un récent voyage à Pékin, s'ils pouvaient toujours considérer que leur pays était en développement alors qu'il est la première puissance commerciale du monde et, selon les statistiques, la deuxième ou la troisième en termes de PIB. Réponse : en valeur absolue, non, mais en valeur relative, oui, car il faut tout diviser par 1,3 milliard, le nombre d'habitants.

Cela va dans votre sens. Quand on part d'aussi bas, il est normal que la croissance soit autrement plus forte que dans des pays industrialisés arrivés à maturité et j'ajouterai qu'il n'est pas du tout prouvé que ce rythme soit encore longtemps tenable. Logiquement, il ne devrait pas l'être. Comme beaucoup, j'ai tendance à le penser mais, pour l'heure, les faits ne le confirment pas. Au début de la dernière décennie, la CIA avait listé les raisons pour lesquelles ça ne durerait pas – la vulnérabilité au sida, l'absence de démocratie qui freinerait le développement économique, la pénurie de ressources naturelles, etc. L'Agence démontrait ainsi la fragilité de cette croissance. C'était très convaincant mais, dix ans après, la croissance chinoise est toujours là et elle a survécu à la crise financière. La prospective est un art périlleux mais je suis plutôt porté à penser que, même si la Chine connaît des difficultés, le décrochage européen par rapport aux émergents va se poursuivre et qu'il nous met face à des ajustements redoutables. Il n'y pas qu'un problème de coûts de production. Des géants industriels se constituent dans ces pays et seront, bientôt, des champions dans des tas de domaines. Ils le sont déjà dans l'électronique, l'aviation et même, on l'a dit, les centrales nucléaires pour ce qui est de la Corée du Sud.

Les États-Unis, maintenant. Il y a pas mal de temps qu'on prédit l'effondrement de leur système et qu'on constate que l'ampleur de leur double déficit, commercial et budgétaire, n'est pas tenable. C'est le thème du déclin américain cher à Emmanuel Todd mais les Américains, même si leur croissance s'est réduite, même si leur chômage a augmenté, ont une souplesse, une exceptionnelle capacité de rebond, d'innovation et de recherche, qui n'est pas celle de nos vieux pays, parfois empêtrés dans des structures sociales et économiques beaucoup plus rigides. Je veux donc bien que l'on anticipe un recul des États-Unis dans la prochaine décennie mais, outre que je ne le vois pas déjà se dessiner, c'est l'Europe qui décroche par rapport aux États-Unis, pas l'inverse.

B.G. : Michel ?

M.R. : Je vais un peu me différencier d'Alain. Je crois que ce que vous avez appelé le déclin occidental est, en effet, irrémédiable dans des domaines aussi lourds que la démographie et l'économie, que cela suffirait presque pour considérer que la messe est dite, mais que ce n'est pas nécessairement vrai sur le plan des valeurs. Si la Chine cherche quelque chose, c'est d'abord de la protection sociale et, ensuite, ce minimum de démocratisation qui permettrait de mettre de l'huile dans les rouages. Si la Russie cherche quelque chose, c'est un peu de cet État de droit qui lui permettrait d'attirer plus d'investissements, de lutter contre une corruption qui la ronge et de se stabiliser. Dans le monde arabe, jusque dans ses gouvernements, il y a des gens aussi, plus nombreux qu'on ne le croit, qui réfléchissent assez pour penser que la Déclaration universelle des droits de l'homme n'était pas une inadvertance ou un mensonge et, parmi les émergents et tous ceux qui ont à prendre des revanches postcoloniales, le Brésil est le fer de lance de cette aspiration à la démocratie et à l'utilisation de nos valeurs dans la consolidation, ou la recherche, de leur développement.

Attention donc à ne pas faire trop simple sur un déclin des valeurs occidentales et je dirais ensuite que vous avez fait de la photo sur la Chine et la Russie. Je suis, en gros, d'accord avec vos instantanés mais il faudrait passer au cinéma, c'est-à-dire au mouvement. Quand le communisme implose en Russie, les Américains se ruent à Moscou, non pas sur des chars mais avec des conseillers économiques, Jeffrey Sachs en tête, qui sont écoutés comme des messies et leur fourguent le monétarisme. C'est complètement tragique. C'est un épouvantable gâchis, un désordre total et immédiat car ces gens cassent tout système d'État pour arriver au marché tout de suite, commettent la faute qu'il ne fallait pas commettre et que les Chinois n'ont pas commise. Ça donne ce que ça devait donner.

Ce sont des mafias économiques qui refondent l'économie russe en pillant à tout va et suscitant un désir d'ordre dans la population...

B.G. : ... À l'époque, tout le monde applaudissait cette « thérapie de choc » et les très rares personnes qui s'en alarmaient – j'en étais – le faisaient dans une grande solitude.

M.R. : Je ne l'ignore pas... Et puis, petit à petit, comme d'habitude, comme chez nous après Jacques Cœur, quand les bandits sont devenus grands et qu'ils ont eu envie de barrer la route à des bandits suivants, on a voulu faire des règles. C'est banal. C'est comme ça que la moralité s'était introduite dans nos économies, y compris en France puisqu'il faut voir ce qu'étaient les ministres de Louis XIV. La difficulté est qu'entre-temps, sous Mikhaïl Gorbatchev, la Russie avait renoncé au Traité de Varsovie mais que l'Otan n'avait pour autant pas été dissoute et j'en reste scandalisé. Le communisme avait implosé. Gorbatchev, homme admirable et courageux qui a changé l'Europe et le monde, avait su canaliser le séisme et éviter que le sang ne coule mais les Américains se sont comportés comme s'ils venaient de gagner une guerre et, sans avoir consulté quiconque, sans que les pays de l'Alliance atlantique aient même fait semblant d'en débattre, leur réponse a été : « Vous avez eu raison de vous débarrasser du communisme, vous n'êtes plus des ennemis, vous êtes devenus des amis, mais vous restez des Russes, on continue à se méfier de vous et non seulement on garde l'OTAN mais on va l'étendre à vos anciens satellites et même à certains des pays sortis de l'URSS. » Silence de mort chez nous, les Européens. Je me suis moi-même tu, avec pour seule circonstance atténuante que je n'étais plus au pouvoir et regardais les informations de chez moi, sans en savoir plus qu'un autre citoyen, et jamais personne, en

Occident, n'a pris la mesure de l'insulte faite aux Russes et de l'humiliation qu'ils en ont ressentie.

Seul George Kennan, l'homme qui avait inventé le concept de *containment*, d'endiguement de l'URSS, l'Américain grâce auquel les États-Unis avaient su empêcher le système soviétique de s'étendre au-delà de ses frontières d'après-guerre, a écrit deux ans après, à quatre-vingt-dix ans passés, que c'était la plus grande faute diplomatique que l'Occident ait faite en plus d'un demi-siècle. Je continue à le penser et, sous l'empire d'une volonté de revanche et de dignité, de fierté, la Russie en est restée dans une méfiance de l'Occident que nous, les Européens, avons contribué à faire naître par notre suivisme et notre passivité vis-à-vis des États-Unis. Je ne sais pas très bien par quels moyens politiques et diplomatiques nous pourrions la faire tomber car elle est si profonde que c'est elle qui explique Poutine qui a, effectivement, banni l'essentiel des bandits…

B.G. : … Pardon, Michel : il a seulement changé de bandits pour que les nouveaux soient à sa main.

M.R. : Exact, mais les bandits en sont devenus, du coup, un peu plus civilisés car ils ont compris qu'ils avaient besoin de la loi pour protéger leurs fortunes. Cela ne se fait que petit à petit. Le mouvement est lent car le retour à la moralité, c'est toujours progressif. Tout cela ne change rien à l'équilibre des propos statiques d'Alain mais c'est une lecture un peu différente, nécessaire au traitement de l'avenir.

A.J. : Je n'étais pas autant dans le statique que vous le dites, Michel, car cette histoire des années 1990 et de leur gigantesque pagaille qui explique la popularité de Poutine…

M.R. : … Oui, vous l'aviez mentionnée, mais il me semblait nécessaire d'ajouter ce point sur l'Otan et l'humiliation russe.

B.G. : Est-ce que vous n'oubliez pas, l'un et l'autre, qu'on n'en est plus à Poutine mais à Poutine et Medvedev, que le second ne représente pas forcément la même chose que le premier et qu'on en est, peut-être, à l'amorce d'une troisième étape ?

M.R. : Ça ne change rien au sentiment d'humiliation mais il y a en effet une inflexion avec Medvedev, une évolution du rapport de forces entre l'appareil de sécurité et le monde des affaires. Il y a chez Medvedev un accent plus économique, plus commerçant et, donc, plus ouvert…

A.J. : Dans le vocabulaire au moins, peut-être même un peu dans la réalité, il y a une légère inflexion sur les libertés et la démocratisation. La date-clé sera la prochaine élection présidentielle : est-ce que ce sera Poutine ou Medvedev ?

M.R. : La thèse de Bernard est que Poutine et Medvedev ne sont que *primus inter pares* dans un collège de décideurs où se côtoient l'argent et les services de sécurité et que c'est l'argent, demandeur de règles, qui avait fini par imposer Medvedev. La situation n'est plus figée à Moscou. La prochaine étape est en effet la présidentielle mais j'en viens à la Chine. Colosse aux pieds d'argile, je ne sais pas, mais empire immense et menacé, oui, sans doute, et c'est une vieille histoire.

Lorsque Henri le Navigateur, prince portugais, a contourné l'Afrique au XVe siècle et que des bateaux européens, d'abord portugais, puis néerlandais et un peu anglais, ont ainsi pu aborder le sous-continent indien, ils y ont rencontré des kyrielles de jonques chinoises, venues d'un pays qui avait déjà inventé le papier, la poudre à canon, le gouvernail, la boussole, surtout, et plein d'autres choses. La Chine a pris peur de nous. Moins d'un siècle plus tard, l'un de ses empereurs a estimé que ces Européens qui ne croyaient qu'à l'argent et s'épuisaient dans des combats fratricides risquaient de contaminer le noble peuple de l'Empire du milieu. Il a, en conséquence, décidé que tout constructeur de navire serait mis à mort. Il a fermé les ports et les portes de son empire qu'il a ainsi condamné à un long endormissement dans lequel l'innovation et le progrès économique se sont perdus. C'est avec cela et pas seulement avec le communisme que la Chine a rompu. Le moins qu'on puisse dire est qu'elle n'en est plus là mais je crois que nous l'inquiétons beaucoup plus encore qu'elle ne nous inquiète.

Deux phrases d'un de ses grands esprits, Wu Jianmin, parfait francophone, quatre-vingts ans, 6 000 ans d'histoire et 4 000 ans de civilisation dans la tête, conseiller de tous les gouvernements successifs de son pays et, douze ans durant, président du Bureau international des expositions. « La grande fierté de mon peuple, dit-il, c'est que notre réveil, ce passage de 2 % du commerce mondial à 9 % aujourd'hui et 20 % bientôt, soit absolument résolument et fondamentalement pacifique mais notre surprise est de voir qu'on a du mal à le faire comprendre. » « Nous sommes naturellement très observateurs des États-Unis, ajoute-t-il, et les deux seuls changements notables dans leur attitude vis-à-vis de nous sont, premièrement, que le nom de mon pays n'apparaît plus qu'associé à la crainte d'une menace et, deuxièmement, que dans tous leurs actes publics, ce qu'il y a de visible se limite au budget militaire. »

C'est son regard mais, outre qu'il n'est pas forcément infondé, c'est celui de toute la direction chinoise. Alors ensuite, colosse aux pieds d'argile ou pas ? Je dirais que leur économie a déjà suffisamment décollé pour qu'un éventuel effondrement du pouvoir ne change rien à cette amorce. Il n'y aura pas, si j'ose dire, d'étouffement du réveil mais il y a tout lieu de craindre, en revanche, les déséquilibres liés à un développement économique impétueux et à la vieille loi d'Emmanuel Todd qui est que tout pays passant le cap des 50 % d'alphabétisés enregistre des changements structurels si profonds qu'ils s'apparentent à une révolution – mais soixante ou soixante-dix ans après ! Il y a 300 millions d'internautes en Chine et le pouvoir est toujours en retard d'une bataille sur le contrôle de la toile. Le marché exige une information constante qui n'est pas durablement séparable de l'information politique. C'est irrépressible. Le statu quo n'est pas tenable et il y aura donc beaucoup de violences politiques, des chocs dans l'exercice du pouvoir, mais les crises, sur un fond d'ascension économique toujours assez vertigineuse, seront de croissance et pas d'autre chose.

A.J. : Je veux bien être tout à fait optimiste et considérer que la logique…

M.R. : … Mais, Alain, ce n'est pas de l'optimisme !

A.J. : … Que la logique de l'économie de marché amènera forcément des progrès de la démocratie mais je n'en suis pas si sûr. Il y a vingt ou trente ans qu'on le dit et ce n'est pas ce qui se passe. J'ai bien entendu vos réponses mais je persiste : l'idée que nos valeurs aient une portée universelle est bel et bien contestée en beaucoup d'endroits du globe où l'on explique que notre démocratie, fondée sur le primat de la liberté individuelle, ne correspond pas aux traditions, culturelles ou historiques, des sociétés concernées où l'on privilégie les valeurs communautaires ou les réalités collectives.

C'est vous-même, d'ailleurs, qui dites qu'il faut faire de la realpolitik sur le Tibet. J'en suis d'accord. Il nous faut absolument avoir une relation apaisée avec la Chine mais si cela doit passer par un silence sur le drame tibétain dont je précise que je ne suis pas partisan, cela prouve bien que nous ne croyons pas pouvoir convaincre de sitôt les Chinois d'aller plus loin dans la direction de l'État de droit et d'un pluralisme démocratique. Quant au *peaceful rise*, à l'essor pacifique de la Chine… Je veux bien y croire. J'aimerais en être sûr, mais la société chinoise est quand même fragile. Les revendications et les violences sociales s'y multiplient, les émeutes aussi, y compris les émeutes de protestation contre la pollution des villes…

M.R. : … Ça va produire de la démocratie.

A.J. : Oui, ça peut en produire, mais cela pourrait tout aussi bien déboucher sur une montée du nationalisme car, dans une situation intérieure tendue, la tentation de tout régime est de se désigner des ennemis extérieurs. Non seulement cela s'est déjà vu en Chine, au temps des Boxers et autres nationalistes, mais la militarisation de ce pays et l'acquisition d'armes qui ne sont pas purement défensives n'incitent pas à complètement négliger ce risque de dérapage, même si le budget de défense de la Chine est encore très bas par rapport à celui des États-Unis.

M.R. : L'idée de complètement sous-estimer ce risque n'est naturellement pas la mienne.

A.J. : Je ne le surestime pas non plus et n'en tire certainement pas la conclusion qu'il nous faudrait nous durcir vis-à-vis de la Chine. Ce n'est pas mon angoisse mais le fait est que c'est celle de plusieurs de ses voisins et, notamment, du Japon avec lequel la Chine a déjà eu, en septembre dernier, un sérieux bras de fer.

M.R. : Par sa force même, l'essor de la Chine est tellement effrayant que la Russie ne pourra résister à la pression économique et démographique chinoise sur la Sibérie qu'appuyée sur un Occident vigoureux et en bonne alliance avec lui.

A.J. : Merci, Michel. Vous me donnez un argument de plus puisque j'avais parlé de l'inquiétude du Japon en oubliant celle de la Russie.

M.R. : Elle est, au moins, aussi grande que celle du Japon. Pour le Japon, plus directement en contact, plus petit, c'est l'évidence : ils ont peur mais la peur interdit la vision longue. Le fait que les Russes et les Japonais ne partagent pas ma vision longue n'est pas un argument pour moi. Il faut savoir à quel horizon temporel on parle. Pour moi c'est le demi-siècle.

A.J. : Moi, j'étais sur vingt ans.

M.R. : Ça se sent. La sociologie a besoin de ses rythmes et les maturations culturelles sont quand même des choses lentes et longues, surtout lorsqu'il s'agit d'un milliard trois cents millions de bonshommes.

A.J. : À un demi-siècle, je plaide simplement l'ignorance. Je ne sais pas !

M.R. : Il y a de l'irréductible. On est aujourd'hui englué dans la réforme des retraites à cause de la Commune, de l'anarcho-syndicalisme et de la division syndicale qui en est résulté. Il y a des choses qui déterminent le long terme et qu'on peut voir, pour agir.

B.G. : Sur le long terme, donc, croyez-vous l'un et l'autre à la thèse d'un siècle dominé par un condominium sino-américain ?

M.R. : Non. Moi, je n'y crois pas mais un détour, d'abord, par le plus grand livre d'histoire de tous les temps, celui d'Arnold Toynbee. Je ne m'en suis tapé que le résumé, 800 pages, petits caractères, grand format, mais je l'ai lu et que dit-il ? Il dit que toute civilisation naît d'un défi auquel une population est confrontée, de sa réponse à ce défi et de ses réponses aux défis ultérieurs venant de la nature, d'elle-même ou de ses voisins. Il dit que tout s'arrête quand une civilisation n'est plus capable de répondre à de nouveaux défis, que le déclin commence là et que le signe annonciateur en est la militarisation. Nous sommes en pleine militarisation.

B.G. : Des États-Unis et de la Chine ?

M.R. : De la Chine ? Vous rigolez ! Quand les Vietnamiens avaient accordé leur soutien aux Khmers rouges, l'armée chinoise avait reçu l'ordre d'aller les sanctionner. Elle envahit le Vietnam et c'est un désastre pour la Chine, une mémorable rouste qui a fait rire le monde entier et…

B.G. : … C'était il y a plusieurs décennies.

M.R. : Pourquoi voulez-vous que la Chine se soit prioritairement occupée de son armée depuis ?

A.J. : Elle lui consacre, chaque année, beaucoup d'argent.

M.R. : Oui, mais il n'est pas sûr que ça suffise et c'est une armée de défense. Hormis l'affaire vietnamienne, la Chine n'a jamais envahi personne de son histoire…

B.G. : … Michel… Le Tibet, peut-être.

M.R. : Le Tibet est sa Corse. La Chine n'a jamais porté la guerre au-delà de ce qu'elle considère être les frontières de son empire alors qu'elle a été énormément envahie, par les Turcs, les Mandchous, les Mongols… Plusieurs des vingt dynasties qui ont régné sur la Chine étaient mongole, turque ou mandchoue. On ne lui connaît pas de vocation à l'agression extérieure et, quand elle respecte les règles internationales et demande son adhésion à l'OMC, elle explicite le contraire.

B.G. : Vous ne croyez pas à une agressivité militaire de la Chine, mais pourquoi en déduire que la question d'un condominium sino-américain, d'un G2 économique et politique ne se poserait pas ?

M.R. : Parce que les États-Unis en sont à la militarisation, à ce stade qui annonce le déclin comme l'a montré Toynbee. Aux États-Unis, il reste 11 % de main-d'œuvre manufacturière, un tout petit peu moins qu'en Grande-Bretagne. Ils se sont laissé financiariser mais les Chinois, leurs banquiers, ne leur ont pas acheté une seule créance titrisée dans laquelle il y avait des *subprimes*. Ils sont d'une méfiance résolue devant toute spéculation et la non-régulation mondiale de l'économie financière les affole. Entre eux et les États-Unis, on va donc aller vers une relation qui ne sera pas simple et c'est pour cela que les Chinois déplorent la non-existence politique de l'Europe avec laquelle ils sont en recherche de dialogue.

En 1968, il y avait en France un Parti communiste marxiste-léniniste qui prenait ses ordres à l'Ambassade de Chine. Le 23 ou 24 mai, sort un communiqué de Pékin disant : « C'est bien les gars, il faut détruire ces structures décadentes, etc., mais attention ! La nécessité, c'est de faire l'Europe afin de relativiser la puissance américaine... » Assassinat politique de nos maoïstes qui ont disparu de la fête et si je vous rappelle ce petit moment d'histoire contemporaine, c'est que la Chine a peur des États-Unis et que la priorité absolue de toute diplomatie, d'abord européenne mais mondiale, c'est d'établir avec elle un profond dialogue sur tout et de tout négocier.

Il n'est pas douteux que notre déclin relatif soit inévitable et il y a donc la possibilité d'une issue guerrière car les guerres, on ne les veut jamais mais on s'y laisse aller faute d'avoir préparé la paix. Toute guerre connue a un antécédent dix ou quinze ans avant : la Seconde Guerre mondiale, c'est le Traité de Versailles ; la guerre d'Algérie, c'est Sétif. On pourrait multiplier les exemples à l'infini et, à crisper la Chine sur le Tibet ou son manque de libertés, on pourrait bien rendre caduc l'espoir de négocier les termes d'un nouvel équilibre mondial dont nous avons absolument besoin. Je suis protibétain mais, pour le Tibet lui-même, la seule vraie perspective est qu'il y ait un peu plus de démocratie en Chine, que nos valeurs s'y diffusent et que le régime s'ouvre sous l'impulsion d'hommes de négociations, d'échanges et pas de fermeture.

Je demande qu'on y réfléchisse.

Il faut écarter l'idée de la force dans la relation avec la Chine et, dès qu'il y a des idées de force derrière le traitement d'un problème, on est ramené aux Américains vis-à-vis desquels nous sommes fichus, nous les Européens, de nous montrer trop disciplinés. Si l'Europe n'est pas capable d'obtenir des États-Unis un traitement de la Chine exempt de force, nous avons la guerre avant un demi-siècle. Les États-Unis ne savent pas faire et c'est pour ça que la Chine a besoin de nous et qu'on ne va pas, en tout état de cause, vers ce condominium.

A.J. : Je ne sais pas si cette question d'une guerre avec la Chine se pose vraiment. Je ne le crois guère mais, pour nous en tenir au condominium, il n'est simplement pas possible car, dans ce siècle, la Chine et les États-Unis ne sont pas seuls…

M.R. : Voilà ! Les Américains ne sont plus de taille.

A.J. : Ils ne sont plus de taille à dominer le monde, fût-ce à deux, car les Indiens, n'ont pas envie de la tutelle d'un G2 américano-chinois, les Brésiliens non plus et beaucoup d'autres pas plus. Au risque de revenir sur un terrain où Michel reprendra peut-être l'avantage, la Turquie tente de développer une diplomatie proche-orientale qui n'est pas exactement alignée sur les États-Unis et, un instant, on a même vu le Brésil l'appuyer. Il y a, et il y aura, de nouveaux acteurs de la scène mondiale qui feront que ce G2 n'est pas destiné à devenir le directoire du monde.

B.G. : Si vous ne croyez ni l'un ni l'autre au condominium, à quels grands équilibres mondiaux l'Union européenne devrait-elle travailler aujourd'hui ? Devrait-elle, d'abord, chercher à réaffirmer son alliance avec les États-Unis ou bien donner la priorité à l'organisation politique et économique du continent Europe, à la construction, autrement dit, d'un partenariat stratégique avec la Fédération de Russie ? Devrait-elle considérer que, dès lors que les États-Unis regardent prioritairement vers la Chine, qu'il y a un couple sino-américain uni pour le meilleur ou pour le pire, il lui faut se trouver, elle aussi, de solides partenariats avec des pays émergents, le Brésil, la Turquie, l'Inde, surtout, qui est l'autre géant de ce siècle et le grand rival de la Chine en Asie ?

M.R. : J'y vais ?

A.J. : Je vous écoute.

M.R. : Les Américains sont venus deux fois se faire tuer pour sauver l'Europe de drames où elle s'était plongée seule. Nous avons une formidable dette de démocratie à leur égard et une dette historique de cette taille ne se règle pas comme ça. Aussi fragile, deuxièmement, que soit leur économie, infiniment plus fragile qu'ils ne le savent eux-mêmes, ils restent militairement ultrapuissants, avec une dangereuse relation à la force dont ils se servent trop vite dès qu'il y a désaccord, mais c'est une raison de plus de ne pas nous éloigner d'eux.

Il nous est donc totalement indispensable de préserver le lien mais pas jusqu'à marcher vers l'abîme. Lorsque Obama se fait vaincre par le pouvoir bancaire américain, il contribue à reconstituer un système financier à bulles régulières où la finance pourra continuer à faire ce qu'elle voudra et qui va massacrer des économies stagnantes et en chômage croissant puisqu'on ne s'attaque pas à la question d'une nouvelle croissance. Pour des raisons de survie, nous sommes obligés à nous distancier, tout autant qu'à rester liés. Nous devons en être conscients, assumer cette contradiction, le dire et le faire savoir. Nous y sommes d'autant plus contraints que l'Union européenne a cette fragilité interne qui est la méconnaissance du monde par les plus petits de ses membres et ceux qui sont sortis du bloc soviétique. Je vous ai raconté ce que m'avait dit un copain néerlandais du Parlement européen sur l'Europe puissance, mais j'ai entendu la même chose dans la bouche d'un Premier ministre danois, Anker Jorgensen, que j'étais allé trouver, dans les années 1980, pour plaider l'affirmation politique de l'Europe à travers une prise en charge européenne de l'arme nucléaire.

Réponse de cet homme d'immense qualité : « Écoute, Michel, t'es très gentil mais, non seulement je n'ai aucune envie d'avoir à augmenter mon budget militaire mais, quand bien même le ferais-je, nous sommes trop petits pour avoir un seul ambassadeur ou un seul général qui soit capable de réfléchir à tout ça. Donc, vous les Français, arrêtez avec vos histoires… » Quant aux pays d'Europe centrale, outre qu'ils ne veulent pas d'un partenariat avec la Russie, ils savent très bien que ce n'est pas l'Europe qui les a sauvés du communisme mais les États-Unis. Ils ne prendront jamais le risque de s'éloigner d'eux et cela s'est vu au moment de l'Irak, alors même qu'il était aveuglant que Bush allait dans le mur…

B.G. : Ce n'est plus aussi vrai, on l'a dit, mais où est le « mais » dans votre développement ? L'Union ne peut ni ne doit s'éloigner des États-Unis mais…

M.R. : Le « mais » est qu'on ne peut pas prendre le risque de se différencier d'eux sur des choses majeures et qu'il faut pourtant le faire. Le climat : il n'y a qu'une taxation pour s'en sortir mais les États-Unis ont englué le débat avec leur système de marché de quotas qui ne marche pas. Je suis en train de lire un rapport...

B.G. : Pardon, Michel, mais restons à la question. On ne peut pas rompre avec les États-Unis, mais doit-on se rapprocher de la Fédération de Russie pour organiser le continent ?

M.R. : Dès lors que l'Union est incapable de faire quoi que ce soit d'important en commun, la question est trop théorique pour qu'on puisse y répondre. Pour l'heure, nous sommes dans une sacrée époque où je crains que nous ne nous résignions à une domination asiatique et n'acceptions d'aller doucement vers la rôtissoire en continuant à produire du gaz à effet de serre. C'est là qu'on va et, faute d'Europe, je plaide donc pour tenter de bouger le monde par des actes un peu fracassants de diplomaties isolées. Bon dieu ! Plein de pays ne demandent que ça ! En Amérique latine, presque tous, et les Russes pourquoi pas ?

B.G. : Alain Juppé ?

A.J. : Je ne voudrais pas prendre la question comme vous la posez. J'ai du mal à choisir sur votre liste de courses car il faudrait prendre la liste entière. Sur les États-Unis, j'ai une petite différence avec Michel. Bien sûr que nous avons cette dette envers eux et devons conserver, avec eux, une relation aussi étroite que possible, mais elle ne doit certainement pas être exclusive. Je ne crois plus du tout à la relation privilégiée pour la bonne raison qu'elle n'existe déjà plus. Ce n'est pas seulement qu'Obama ne regarde l'Europe que de loin. C'est que, dès lors que nous ne sommes plus le centre du monde, nous ne le sommes plus, non plus, pour les États-Unis. C'est absolument manifeste dans les rencontres avec des universitaires américains pour lesquels l'Europe n'est plus ni le problème ni le centre d'intérêt. Même les Britanniques sont en train de se rendre compte que leur relation avec l'Amérique n'est plus ce qu'elle était et il nous faut intégrer cette réalité. Ayons de bonnes relations avec les États-Unis mais gardons notre autonomie de jugement, sur le développement durable, bien entendu, mais pas uniquement.

Notre relation avec les États-Unis doit rester forte mais pas exclusive, peut-être pas même privilégiée, car les Chinois, aussi liés soient-ils aux Américains, sont intéressés par une relation avec l'Europe et avec la France. Les Russes sont intéressés par une relation avec la France et l'Europe, le disent et le demandent. Les Indiens… L'Inde est un interlocuteur difficile. Les quelques expériences diplomatiques que j'ai eues là-bas me l'ont appris mais il faut, évidemment, jouer cette carte. L'Amérique latine a, pour nous, un potentiel considérable et nous nous sommes toujours trop désintéressés de ce sous-continent alors que le Brésil a un fond de culture française resté très impressionnant, que l'Argentine aussi et qu'il y a beaucoup de choses à faire au Chili. Vous n'avez pas cité l'Afrique dans votre liste de courses mais je suis absolument convaincu que l'Afrique va bouger dans ce siècle et que ce serait une erreur stratégique pour la France de s'en retirer sur la pointe des pieds, comme nous le faisons en ce moment pour la mauvaise raison que nous avons un passé compliqué sur ce continent. Nous devons rester présents en Afrique. Nous ne devons pas y laisser le terrain libre à la Chine qui y est omniprésente aujourd'hui et, pour ce qui est de la Russie, je n'ai peut-être pas bien compris ce que dit Michel.

On ne peut pas y arriver, nous dit-il, parce que les PECO, les pays d'Europe centrale et orientale, ne veulent pas d'un partenariat continental avec la Russie. Non ! Ça ne se pose plus comme ça. Non seulement ils sont en train de se rendre compte, Pologne en tête, que l'étanchéité du parapluie atlantique n'est peut-être pas aussi grande qu'ils voudraient le penser mais les

Russes sont, eux-mêmes, en train de chercher à normaliser leurs relations avec leur voisinage...

M.R. : ... Vous venez dans mes rythmes.

A.J. : Dans les rythmes longs ?... Non. Je ne suis pas si certain que nous parlions, là, du demi-siècle à venir mais plutôt de dix à quinze ans tout au plus car les choses paraissent bouger vite et bien entre les PECO et la Russie. À ce propos, il y a d'ailleurs une certaine contradiction dans votre façon d'aborder le problème car vous ne pouvez pas dire, à la fois, qu'il nous faut des diplomaties nationales faute d'une diplomatie européenne et qu'on ne peut pas se rapprocher de la Russie parce que la diplomatie européenne est paralysée par l'attitude des pays d'Europe centrale et orientale. Ce n'est peut-être qu'une petite différence de formulation mais, pour répondre à la question de Bernard, oui, la France doit développer un partenariat avec la Russie...

B.G. : ... La France ou l'Europe ?

A.J. : Les deux, car regardez ce qui se passe avec la Chine. Lorsque nous allons à Pékin, nous les Européens, chacun y va avec sa propre liste de courses, avec ses industries, avec ses entreprises, mais ces démarches nationales contribuent à un développement de la présence européenne même si je souhaiterais, bien sûr, que nous agissions plus dans le cadre d'un fédéralisme économique européen.

M.R. : Moi aussi.

A.J. : Je sais que nous partageons ce souhait, vous sans y croire et, moi, en y croyant un peu, mais cette affirmation européenne ne signifie pas la disparition des diplomaties nationales. Chacun doit défendre ses intérêts tandis que nous devons tous défendre les intérêts européens et c'est la raison pour laquelle la France doit garder un outil diplomatique fort. La façon dont on est en train de le fragiliser aujourd'hui est une erreur car la diplomatie n'est pas simplement une affaire de coups de téléphone directs entre chefs d'État. Elle implique une présence sur le terrain par laquelle passe la connaissance des autres pays, y compris de nos partenaires européens. La France doit garder son outil diplomatique et ne pas se borner à le fondre dans des services extérieurs européens.

B.G. : Mais peut-on vraiment dire, sur le fond, qu'il faut tout faire en même temps ?

A.J. : Vous pensez qu'il faut choisir ?

B.G. : Si ce n'est choisir, mettre l'accent sur une ambition prioritaire.

A.J. : Si vous me poussez à choisir, l'enjeu essentiel est l'Eurafrique. C'est donc l'Europe et, qui dit Europe, dit Russie, Bassin méditerranéen, Afrique sub-saharienne et Turquie, également, avec laquelle il faut trouver une façon de sortir du piège actuel qu'on ne dépassera pas par l'adhésion pure et simple. On verra dans vingt ans, peut-être qu'à ce moment-là...

M.R. : ... Dans vingt ans, on l'aura chassée vers l'Asie et perdue pour l'Europe.

B.G. : Si la priorité est l'Eurafrique, Alain Juppé, n'est-ce pas forcément d'abord le continent Europe, c'est-à-dire son organisation autour de ses deux piliers que sont l'Union européenne et la Fédération de Russie ?

A.J. : Je veux bien vous suivre et considérer que la relation avec la Russie doit être mise en haut de nos priorités.

M.R. : Le problème est qu'il n'y aura pas d'Eurafrique sans arrimage de la Turquie à l'Europe, que les vannes d'une islamisation croissante y ont été ouvertes par notre rejet et que ça, ça peut aller loin.

A.J. : Je ne crois pas qu'un pays dont la croissance est telle soit tenté par des aventures fondamentalistes...

M.R. : Attention ! On n'a pas encore fait l'expérience d'un Islam réconcilié avec le commerce, d'un Islam puissant et capable de développer des industries lourdes.

A.J. : L'optimisme que vous avez à moyen terme sur la Chine, je l'ai, moi, sur la Turquie.

B.G. : Les fronts se renversent... Une fois de plus !

M.R. : Oui, mais c'est bizarre. Je veux bien qu'on échange des intuitions mais ce qui se dessine aujourd'hui, ce n'est pas l'Eurafrique mais un marché commun turco-iranien avec l'Irak et la Syrie. C'est le produit de notre rejet de la Turquie et, si cela se fait, allez organiser le Bassin méditerranéen après cela ! Je nous souhaite bien du plaisir mais, bon, fin de cette parenthèse et je reviens sur la dernière tirade d'Alain pour dire qu'en gros, je suis un peu d'accord avec lui, que nous avons quand même un devoir d'un peu tout essayer mais qu'il est dommage que nous, Français, soyons aussi seuls.

Les Allemands sont dans une phase de repli nationaliste qui peut être dangereuse. Il n'y a malheureusement pas d'Italiens conséquents. L'Espagne est très conséquente mais ravagée par la crise. Le tableau est terrifiant mais, s'il est vrai que nous ne pouvons pas être partout présents à nous seuls, nous ne pouvons pas non plus nous retirer – ni d'Amérique latine car ce serait les trahir et y casser quelque chose, ni d'Afrique pour les mêmes raisons, ni d'Asie où notre présence humaine et culturelle est déjà beaucoup trop faible, particulièrement en Inde sur laquelle nous avons le tort de beaucoup moins travailler, aujourd'hui, que sur la Chine. À écouter Alain, j'ai plus envie que vous, Bernard, d'approuver sa longue tirade mais ce qu'elle nous restitue, c'est un monde où ce qui permet de faire avancer les choses est la confrontation des nations, leurs alliances et leurs intelligences...

A.J. : On sera de nouveau, là, à front renversé.

M.R. : Oui car je pense que l'essentiel des problèmes qui se posent est résolument mondial et qu'il y faut une continuité d'inspiration des nations, dans la lutte contre le sida comme sur la taxe carbone, sur la Russie vis-à-vis de laquelle il n'existe pas encore une vraie volonté de réconciliation comme sur la Fédération européenne qui n'est pas au mieux de sa forme mais qu'il faudra construire. Tout cela est faisable mais il ne nous faut pas seulement les gouvernements. Il nous faut également les acteurs du business et ceux, aussi, de la culture, notamment avec le monde arabe. Et puis il y a un petit paquet gigantesque : les armes de destruction massive, le climat, le terrorisme, la sortie de la crise bancaire et financière et le traitement de la crise macroéconomique sur lesquels nous avons besoin de quelques actes mondiaux osés par des gouvernements qui pourraient trouver des soutiens et des majorités potentielles à l'Assemblée générale des nations unies pour peu qu'on veuille bien la saisir. L'Europe ne le fera pas. Elle n'aura ni l'unité ni la force qu'il y faudrait, et c'est donc à nous d'y aller franco, tout seuls au besoin, au risque de nous trouver face aux États-Unis.

Ce qui m'amène à une connotation un peu différente sur les Américains. Il nous faut préserver une prédisposition à l'importance des relations bilatérales avec les États-Unis pour avoir, de temps en temps, leur complicité sur quelques-unes de ces décisions majeures. Leur puissance est si énorme qu'on n'y coupe pas et le discours sur le besoin d'un équilibre entre les États-Unis et la Russie ne colle, en conséquence, pas avec la nécessité d'agir vite dans un système de décision où l'influence appartient aux diplomaties nationales et encore, avant tout, aux États-Unis.

Quand la France cause, on l'écoute encore beaucoup, quand même, en Amérique latine et en Afrique et dans une large partie du Proche-Orient. Russes et Chinois regardent ça de près aussi. Nous sommes les seuls, en Europe, à pouvoir être entendus du monde et le pauvre Van Rompuy est encore loin de ça, bien que tout paraisse montrer que le type est fort intelligent et qu'il était le bon choix pour la présidence du Conseil européen. Cette vision d'un équilibre ne me plaît pas complètement car je suis chercheur, en un mot, d'un dynamisme dans la quête de sécurité pour le monde qui passe par l'initiative des nations et la prise en compte du poids spécifique des États-Unis.

B.G. : C'est un retour aux racines... On retrouve, à ce point, un social-démocrate quasiment atlantiste et un gaulliste beaucoup plus méfiant vis-à-vis des États-Unis.

A.J. : Je n'ai pas exprimé de méfiance vis-à-vis des États-Unis mais un profond doute sur la pérennité d'une relation hyperprivilégiée qu'eux-mêmes ne considèrent plus comme prioritaire. Ce n'est pas du tout la même chose et quant à ce que vient de dire Michel, deux remarques. La première est qu'il accorde, lui aussi, une priorité élevée à un renforcement des liens avec la Russie et que, comme souvent, nous ne sommes pas là en opposition frontale.

La seconde est que je suis en complet accord avec lui lorsqu'il souligne que l'équilibre international ne relève plus seulement des diplomaties, nationales ou même européenne à supposer qu'elle existe, mais que les entreprises et les intellectuels ont un rôle fondamental à jouer. Bien qu'il faille plutôt parler, aujourd'hui, d'une panne que d'une réussite, c'est la raison pour laquelle j'avais été tant séduit par le projet d'Union pour la Méditerranée qui mettait vraiment l'accent sur les relations entre universités et milieux d'affaires du nord et du sud.

M.R. : Et pourquoi ça foire ?

A.J. : À cause de la question israélo-palestinienne.

M.R. : Pas seulement, mais essentiellement parce que Sarkozy avait commencé par refuser d'y associer l'Europe.

A.J. : Oui, mais ça a été corrigé.

M.R. : On vous a dit qu'il m'avait demandé de prendre la direction de cette opération ?

B.G. : Il l'avait aussi demandé à Alain Juppé…

A.J. : Oui, c'est vrai, mais je ne sais pas si c'est avant ou après. Je n'en sais rien.

M.R. : Je crains d'avoir été le premier et je dois vous raconter ça car c'est extrêmement éclairant. Il me téléphone. Il n'y avait eu qu'une brève annonce dont on savait qu'il la confirmerait bientôt et il me dit : « Votre relation avec la Méditerranée est connue. C'est absolument vous qui devez prendre ça. » Je lui dis oui, c'était formidable, mais : « Avec qui je discute des détails ? » Réponse : avec Jean-David Levitte, son conseiller diplomatique qui, effectivement, arrive dans mon bureau moins de deux heures plus tard. On envisage les choses et, telles qu'il me les présente, je comprends vite qu'on partait pour un torpillage d'à peu près tout ce qui existait déjà en matière de dialogue euro-méditerranéen. Je lui dis que ce n'est pas possible et d'autant plus bête qu'il y a, dans les processus en cours, de l'argent que nous n'avons pas. Levitte opine. Je lui propose qu'on me nomme, d'abord, ambassadeur pour négocier avec l'Union la conformité européenne du projet d'Union pour la Méditerranée et qu'on ne m'en charge qu'ensuite. Sarkozy a dit non. Il voulait continuer l'appel à toutes les nations à la fois, sur le même plan : la France appelle aussi bien ses copains d'Europe que d'Afrique, en même temps.

A.J. : C'est donc après que j'ai été pressenti et je lui ai dit non parce que je ne sentais pas le truc. En substitution, si je puis dire, j'ai accepté le Livre blanc sur la politique extérieure parce que je me suis dit que je ne pouvais pas dire non à tout.

B.G. : Une avant-dernière question, sur laquelle votre unanimité m'oblige à me faire l'avocat du diable, comme sur le libéralisme. Dès lors qu'il y a toujours eu des changements climatiques, que ce n'est en aucun cas une nouveauté dans l'histoire longue, que les déserts n'ont pas toujours été des déserts et que les zones fertiles ne l'ont pas toujours été non plus, est-ce qu'il n'y a pas quelque chose comme une peur millénariste dans la grande panique mondiale sur le réchauffement climatique ?

A.J. : Ma réponse est non, définitivement non. Bien sûr qu'il y a eu des périodes glaciaires et des périodes de réchauffement et que nous sommes, actuellement, dans une période de réchauffement mais il y a un élément nouveau par rapport à ces changements passés. Nous sommes aujourd'hui 6 milliards d'êtres humains à nous partager la terre et nous serons bientôt 9 milliards. Cela pèse dans l'équation. La question climatique se pose, désormais, dans des termes qui ne sont plus du tout les mêmes qu'il y a 50 000 ans ou 60 millions d'années car…

B.G. : … Les migrations d'une zone à l'autre seront beaucoup plus problématiques, voire impossibles ?

A.J. : … Certainement mais ce n'est même pas là qu'est le plus grand problème. Le problème fondamental est que l'activité humaine pèse, aujourd'hui, infiniment plus sur les équilibres généraux de l'écosystème que lorsque nous étions… disons 100 millions d'hommes sur terre. Jean-Christophe Rufin a bien senti cela en imaginant, dans son roman policier *Le Parfum d'Adam*, qu'une secte écologiste tente de diffuser le virus de la variole pour rétablir les écosystèmes en décimant la population mondiale par l'élimination d'un milliard d'êtres humains. Il ne voulait que frapper les esprits. Pas plus que lui, ce n'est ce que je prônerais, rassurez-vous, mais il y a ce premier problème : comment nourrir 9 milliards « d'autres », comme dirait Yann Arthus-Bertrand ? Deuxièmement, il y a le CO_2, l'excès de CO_2 dans l'atmosphère, qui est très largement lié au développement de l'activité humaine.

Claude Allègre soutient que cet excès ne serait pas la cause du réchauffement climatique sur lequel il émet de grands doutes, mais il tire pourtant la sonnette d'alarme en disant qu'il y a bel et bien excès de CO_2 et qu'il faut lutter contre ce phénomène car il est la cause de l'acidification des océans. Pour cette raison, pour l'autre ou pour les deux, la lutte contre les gaz à effet de serre est impérative mais l'impératif écologique ne se limite pas à cela. Il y également l'épuisement des ressources rares. Nous avons peut-être pour deux siècles encore de charbon. Peut-être découvrira-t-on des réserves insoupçonnées de gaz ou de pétrole mais il y a bien un jour où ça s'arrêtera. Il y a bien un jour où l'on devra se convaincre que la vraie source d'énergie pour la planète, c'est le soleil. Il faut déjà s'y préparer mais il n'y a pas que l'énergie qui s'épuise.

Il y a aussi l'eau. J'adore les petits bouquins de voyage d'Erik Orsenna. Il en a fait un dans lequel il montre que la question de l'eau ne se pose pas partout dans les mêmes termes. Le Canada en est, naturellement, gorgé. Le Bangladesh aussi, mais il y a des stress hydriques extrêmement graves, dans le Sahel dont la désertification est engagée depuis longtemps, dans le centre ouest des États-Unis, dans le nord de la Chine, etc. Il y a un problème de ressources en eau, en eau potable, et il n'y a pas qu'au Proche-Orient que cela peut déclencher des guerres. Et puis il y a les pollutions, indéniablement liées, encore, à l'activité humaine et qui deviennent de plus en plus intolérables, en premier lieu pour la santé. Regardez ce qui s'est passé en Hongrie avec ces boues rouges qui ont été à deux doigts de se déverser dans le Danube. C'est quand même une saloperie absolument invraisemblable ! Il y a eu des morts. On a découvert, à cette occasion, à quel point le Danube était menacé par le legs industriel du bloc soviétique et le monde capitaliste n'a guère fait mieux si l'on voit, un seul exemple, ce qui s'est produit dans le golfe du Mexique.

On ne peut absolument pas rester impavide devant la multiplication de ces pollutions. On le peut d'autant moins que, lorsqu'on mange du poisson, on avale du PVC, du plomb, du mercure... Tout cela devient tellement angoissant qu'en Chine, le niveau de pollution atmosphérique est la cause d'émeutes populaires. Un mot, encore, sur la biodiversité. On peut considérer que c'est du pipeau, que ce n'est pas très grave, mais le fait est qu'elle recule, incontestablement, bien qu'on découvre régulièrement des espèces animales ignorées.

Le bilan est clair. Il faut réagir car, si on laisse filer les choses, on va droit dans le mur mais il y a, heureusement, une prise de conscience de cette absolue nécessité. Elle est trop lente au niveau des gouvernements car, devant l'ampleur des efforts à faire, chaque État pense à ses intérêts immédiats, mais des gens agissent et c'est bon signe. J'ai fait un article sur mon blog, il y a quelques mois, sur une petite commune de l'Aude, Belcaire, dont les 419 habitants sont accrochés aux flancs du pays cathare. Son maire est jeune, dynamique, et ce qu'il a fait est incroyable ! Il a une forêt domaniale, un millier d'hectares. Il ramasse le bois mort, ne coupe pas du bois mais ramasse branches mortes et troncs pourris, en fait des plaquettes de bois, les sèche et, grâce à elles, il chauffe l'école, la mairie, la gendarmerie, tout une partie du village, à coût à peu près nul.

Ses administrés sont absolument ravis et il a si bien couvert les bâtiments municipaux de panneaux voltaïques que Belcaire ambitionne d'être, demain, une commune à énergie positive. Sur cette lancée, il a attiré des écotechnologies dans sa zone d'activité qui s'est beaucoup développée et attire des emplois. Il a établi un plan local d'urbanisme, un PLU, dans lequel il a fixé des normes environnementales très strictes. Je ne sais plus ce qu'il a encore imaginé... Si ! Une exposition, très convaincante, de maisons à ossature bois. Bref, il a révolutionné sa commune en appliquant un Agenda 21 très complet et il n'est pas, loin de là, le seul maire à le faire.

Vous avez, aujourd'hui, en France, un grand nombre de collectivités territoriales qui se bâtissent des Agenda 21 avec l'objectif de réduire la consommation d'eau et d'énergie, de faire baisser la circulation automobile et de développer la circulation à bicyclette. La circulation automobile a baissé de 30 % dans le cœur de Bordeaux tandis que l'usage des vélos a été multiplié par 3.

Belcaire, Bordeaux, mais aussi Lyon, Paris, tant d'autres villes dont les élus, de droite et de gauche, s'attaquent au problème de l'environnement. Il y a plus qu'une tendance à la prise de conscience et puis il y a... la Chine. La question environnementale y est absolument dramatique mais la Chine s'est maintenant engagée dans un effort titanesque de modification de son offre énergétique. Les Chinois sont devenus leaders mondiaux de l'énergie photovoltaïque. Ils veulent devenir leaders mondiaux de l'énergie éolienne alors que nous avons, en France, des pudeurs sur les éoliennes qui feraient trop de bruit et ne feraient pas beau dans le paysage. Ils continuent à construire des centrales au charbon mais font des choses intéressantes puisqu'il paraît qu'on peut faire du charbon propre, crachant moins de CO_2, qu'on peut en tout cas capturer ce CO_2 et le stocker.

Ça bouge, partout, à tous les niveaux, et le débat sur le modèle de croissance pour les années à venir s'est ouvert. Il ne s'agit pas seulement de normes environnementales. Contrairement à ce que soutiennent certains écologistes purs et durs, ce n'est pas non plus de décroissance qu'il s'agit car cette idée est indécente et totalement inacceptable. J'étais récemment en Afrique, après des inondations majeures dans la banlieue de Ouagadougou. On ne va certainement pas dire à des gens qui ont éprouvé un tel fléau qu'on ne peut plus construire d'écoles, d'hôpitaux et d'habitations car la croissance est mauvaise pour l'environnement ! Il y a 8 millions de pauvres en France et on ne va pas non plus leur dire : « Fini la croissance ! On ne fait plus de HLM, d'internats d'excellence, etc. » Je suis allergique à cette idée de décroissance et totalement stupéfait quand, à Bordeaux, les Verts s'opposent à la construction d'un nouveau stade de 40 000 places au motif qu'il suscitera, tous les quinze jours, le déplacement de 40 000 personnes. Ça veut dire quoi ? Qu'on reste à la maison, devant l'écran de télévision ? Qu'on n'a plus le droit de se déplacer, de voyager ?....

On est, là, en pleine caricature. On ne va pas en revenir à la chandelle et à la diligence. L'économie verte est, bien au contraire, un concept de progrès qui se fonde sur la recherche scientifique, sur le progrès technologique, et une nouvelle approche de la croissance. Ce n'est pas à une décroissance de l'économie qu'il faut aspirer mais à une décroissance des gaspillages. Nous avions bâti, depuis des décennies, une économie reposant essentiellement sur le gaspillage et des consommations inutiles et c'est cela qu'il faut combattre. Il faut être plus économe sur la consommation des ressources rares et on le peut car on arrive au même résultat, à la même qualité de vie et aux mêmes performances industrielles, en consommant 30 % d'énergie en moins. On peut avoir les mêmes espaces verts à Bordeaux en diminuant par 5 la consommation d'eau. Il faut avoir cette obsession de l'économie des ressources rares et l'obsession, parallèle, du recyclage.

On jette des tas de choses qui peuvent être recyclées. Aujourd'hui, les normes en vigueur font que les bennes à ordures doivent avoir, en France, cinq ans d'âge et pas plus. Très bien mais, au lieu de les envoyer à la casse, la communauté urbaine de Bordeaux les envoie à Bamako ou à Dakar car elles sont encore parfaitement utilisables et font des heureux, qui en ont l'usage. Cela s'appelle « l'économie circulaire », une notion restée sans doute un peu fumeuse mais qui est certainement à développer puisqu'elle peut satisfaire de très grands besoins et qu'il est mieux de recycler plutôt que de créer des montagnes de déchets, que de dégager de la dioxine en brûlant ou que de polluer les sols en enfouissant. J'ai, là, ma part d'utopie et je la revendique car nous devons imaginer une forme de développement qui serait caractérisée par un passage du gaspillage effréné à ce que j'ai appelé, dans un papier signé avec Delors, la « sobriété heureuse ».

Le développement durable, ce n'est pas l'austérité. Ce n'est pas une punition. Ce n'est pas rester chez soi et ne plus bouger. C'est une vision économique nouvelle, avec des possibilités de développement considérables dans les réseaux intelligents, les technologies vertes et les énergies nouvelles. C'est, également, un volet social et sociétal extrêmement important dont je vous donne un exemple. Il ne suffit pas de mettre 25 % de logements sociaux dans un quartier pour en garantir la mixité sociale. Si les gens restent dans leur appartement, il n'y a aucune mixité. Il faut aussi des lieux, espaces publics, espaces verts, lieux culturels, où les gens se voient, se rencontrent et animent une vie de quartier. À Bordeaux, aujourd'hui, le plus bel espace de mixité sociale, ce sont les quais, où toutes les générations et tous les milieux se retrouvent, vieux et pauvres, jeunes et classes moyennes, où l'on fait du sport, où l'on pique-nique, où l'on bronze l'été. C'est un élément essentiel d'un modèle de développement qui fait que, plutôt que de partir sur le bassin d'Arcachon, tous les samedis, les gens restent en ville, circulent moins en voiture et émettent beaucoup moins de CO_2.

Vous voyez... Ma foi écologique est déterminée et je regrette qu'on puisse nous dire maintenant que le développement durable, ça commence à bien faire.

M.R. : Et moi ? ! Je n'ai plus rien à dire, moi, après une telle tirade ! Je n'ai plus qu'à tout approuver, tout, dans le détail et tout du long...

B.G. : ... Ne vous faites pas si modeste...

M.R. : Non, sans rire, je suis profondément d'accord avec cette envolée d'Alain et si je dois y ajouter quelque chose, ce sera pour dire qu'il est inquiétant que vous ayez ressenti le besoin, vous, Bernard, de nous faire réagir en nous posant cette question telle que vous l'avez formulée. Cela montre que le travail de conviction reste à faire auprès de beaucoup de gens alors que tout ça est ultragrave et que ça ne fait que commencer.

Autrement... Il faut d'abord souligner que l'effet climat en a occulté d'autres dans la perception courante du problème, qu'il a trop sorti de nos esprits la pollution chimique qui devient dramatique pour la santé humaine, un peu partout mais tout particulièrement en Chine et en Russie en raison des séquelles des temps maoïstes et staliniens...

A.J. : ... C'est vrai.

M.R. : ... Pour ce qui est du climat lui-même, le fait est qu'il y a toujours eu des phases de réchauffement climatique. Un très grand savant français, Claude Lorius, que j'ai eu l'honneur de décorer de la Légion d'honneur, en plein Groenland, sur un paquebot adossé à un iceberg car c'était un glaciologue, a inventé le système consistant à faire des carottes dans la glace, à analyser des petites bulles d'air, des microbulles, et à recalculer la composition en gaz carbonique. On fait des carottes de 3 km, 3,5 km, 3,8 km au maximum. Cela rend compte d'un peu plus de 900 000 ans de climat, et c'est ainsi qu'on a pu constater qu'on a une phase de réchauffement climatique tous les 100 000 ans environ, probablement liée au renforcement de la composante de gaz carbonique. Les scientifiques ne sont pas tout à fait d'accord sur les causes. Il semble que ce puisse être également lié à des causes astronomiques et au mouvement de la Terre par rapport au Soleil. On ne sait pas le dire avec certitude mais il y a une pointe tous les 100 000 ans. Elle dure quelques centaines d'années et on en revient, après, à cette température moyenne de la planète qui est – tout confondu, hiver comme été, nord comme équateur – à environ 15 degrés de manière stable. Il est incontestable que nous soyons en train d'entrer dans une des ces phases de réchauffement climatique habituelles, mais, on a déjà largement dépassé, je crois de plus du double, la densité de gaz carbonique jamais observée dans le passé. Il me semble que cela devrait nous interpeller.

Pour ce qui est de l'eau, elle n'est pas un problème mondial mais il y a, quand même, entre 60 et 80 nations qui ne peuvent même pas assurer leur équilibre hydrique à elles seules et une centaine de nations qui sont riveraines de cours d'eau internationaux. Cela génère ou va générer des conflits régionaux dans tous les coins. Le Pakistan est à la limite de la scission entre le Nord et le Sud pour des raisons de flotte.

L'Irak et la Syrie dépendent du Tigre et de l'Euphrate qui sont régulés par les Turcs. La liste est trop longue pour même l'ébaucher mais, alors que cette situation devrait inciter à des négociations rapides et approfondies, on n'en prend pas le chemin.

La décroissance ? J'y suis encore plus allergique que vous, Alain, et pas seulement parce qu'il serait impossible de la faire avaler à nos concitoyens. La décroissance est interdictive d'une correction des inégalités puisqu'elle préserverait l'acquis des mieux nantis tandis que les autres ne pourraient plus progresser. Elle aggraverait les antagonismes. Pour des raisons d'équilibre social autant que d'inégalité, la décroissance est la voie à ne pas prendre et l'on ne saurait pas, de toute manière, comment s'y engager. Il faut, en conséquence, une nouvelle croissance, mais laquelle ? Elle reste à inventer. Elle va se définir par la pratique mais on voit déjà bien qu'elle sera d'abord fondée sur la production d'objets plus durables et beaucoup plus recyclables, plus renouvelables et plus biodégradables. Il y a un champ inouï qui s'ouvre à l'utilisation de tout ce qui peut être biodégradable, il y a toute une chimie à explorer, une chimie de l'azote et beaucoup moins du carbone, et une biochimie dont les matériaux sont à produire dans des conditions agricoles. Tout cela constitue un fonds de recherche incommensurable, et très urgent puisque nous sommes dans l'interdiction écologique de faire de la croissance autrement que comme ça.

Et puis la grande affaire est, bien entendu, énergétique. Ce qu'il faut bien avoir en tête, ce n'est pas tant l'extinction des ressources pétrolières qui est pour dans cent cinquante ou deux cents ans, on ne sait pas, mais le pic pétrolier, c'est-à-dire le moment après lequel on sait, à coup sûr, qu'on ne pourra plus atteindre le niveau déjà produit. Ça, c'est pour dans dix à quinze ans, là, tout de suite...

A.J. : C'est sûr, ça, Michel ?

M.R. : C'est peut-être vingt ans mais, fondamentalement, on y est et, dès qu'on l'aura compris, sitôt que cela sera devenu tangible, les prix s'envoleront. Le pic annonce beaucoup moins l'extinction des ressources puisqu'on continuera à trouver encore un peu de pétrole et qu'il y a un deuxième Moyen-Orient sous l'Arctique, auquel il vaudrait mieux ne pas toucher, pour des raisons de production de gaz à effet de serre, mais auquel on touchera, c'est certain. Le pic annonce avant tout le renchérissement du prix du pétrole et de toute l'énergie disponible et il n'est pas besoin de s'étendre pour en entrevoir les conséquences sur l'économie mondiale, les grands équilibres politiques et la consommation.

Autrement dit, on n'a pas le choix. Il faut naturellement intensifier le solaire, l'éolien et également, bien évidemment, le nucléaire, ce qui rend hyperurgent la recherche d'une technique réglant le problème des déchets.

Or, en fait, elle existe.

Le bombardement à coups de neutrons rapides fait la transmutation de la matière. Le bombardement à coups de neutrons rapides casse les molécules et casse les atomes. Il en change la composition. La théorie des particules le dit pleinement et la découverte factuelle a été enregistrée et vérifiée au CERN, à Genève. C'est un point central, mais qui a fait des neutrons rapides dans le monde ? Pas les Américains qui ont arrêté toute recherche sur le nucléaire après l'accident de Three Miles Island ; pas les Japonais (peur d'une suspicion de passage au militaire) ; pas les Anglais faute, probablement, d'une intuition de savant qui serait tombée au bon endroit puisqu'on ne voit pas pourquoi ils n'ont pas fait ça. Il n'y a que deux pays qui y ont touché, la France et la Russie.

Nous avons réussi, en France, à faire un réacteur expérimental, Phénix, qui a eu tous les ennuis d'un prototype. Ça a été difficile et long mais on y est arrivé. Phénix est un succès grâce auquel on a lancé Super Phénix, un premier réacteur commercial et connecté au réseau, pas du tout publicitaire ni même expérimental, mais commercial et connecté et qui fait ça. Il brûle du déchet nucléaire des autres mais, sous la pression des Verts qui ont fait chanter le gouvernement…

A.J. : … C'est Jospin qui l'a arrêté !

M.R. : Oui, mais sous la pression des Verts. C'est une faute inouïe car on a même dispersé les équipes. La France a perdu, là, un savoir et cela nous ramène au seul pays… Je vous en parle ?

A.J. : On vous écoute.

M.R. : Ce pays est donc la Russie où, sous Gorbatchev, la science civile fait savoir au bureau politique qu'elle tient la maîtrise des neutrons rapides. Bravo, les gars ! Pluie de médailles mais on leur dit de tout transmettre à l'échelon militaire et de lui détacher deux ou trois savants pour y travailler. C'était le premier réflexe mais, comme nous sommes sous Gorbatchev, qu'on est en pleine négociation sur la réduction des armements stratégiques nucléaires et qu'on y croit au Kremlin, l'état-major se résout à utiliser cette formidable avancée pour faire des moteurs de propulsion pour les sous-marins, une utilisation relativement discrète. D'où le Koursk, un des 9 sous-marins soviétiques de la classe OSCAR II, les plus grands jamais construits, 180 mètres de long, 40 mètres de large, 30 mètres de haut, et un compartiment missile de 79 mètres de long, 10 mètres de haut et 19 mètres de large, dans lequel il y a 14 ou 16 têtes nucléaires multiples, capables de tuer un demi-milliard d'humains.

Le Koursk a eu un accident...

B.G. : Un accident ?

M.R. : De mauvaises langues disent qu'il pourrait s'être agi d'une torpille américaine mais, quoi qu'il en soit, 8 autres sous-marins semblables au Koursk rouillent depuis à Mourmansk. L'état-major de la marine russe envisage de les mettre à la casse puisqu'ils ne circulent plus et ma proposition est de louer à Poutine un ou deux de ces sous-marins équipés de réacteurs à neutrons rapides. On les loue, on vide le compartiment missile, on dévie le flux de neutrons rapides avec un peu de technologie et on les charge avec les déchets nucléaires. Un seul compartiment missile de ces sous-marins peut stocker la moitié de tous les déchets nucléaires de nos centrales civiles. C'est une possibilité à explorer et, quoi qu'il en soit, la question des neutrons rapides est une affaire si centrale que nous avons mis dessus pas mal d'argent du grand emprunt.

A.J. : Deux points pour conclure. La solution, premièrement, n'est pas dans la nostalgie du passé mais dans la confiance en l'avenir, dans la recherche et l'innovation sur lesquelles la France est loin d'être mal placée avec par exemple l'institut de recherches sur l'énergie solaire que nous avons à Chambéry et le laser Mégajoule de Bordeaux dont les applications civiles peuvent être extrêmement prometteuses. Il faudra, deuxièmement, poser le problème du développement durable en termes d'organisation planétaire, et donc de gouvernance mondiale. C'est pour cela que nous avions lancé, avec Jacques Chirac, en février 2007, au Sommet de la Terre auquel participait Al Gore, l'idée d'une organisation mondiale de l'environnement, bâtie dans le système onusien. Nous nous sommes heurtés à tous les obstacles possibles. Tout reste à faire mais il ne faut surtout pas renoncer.

B.G. : Le temps de la dernière question est venu, question à quelques trillions : est-ce que la montée de l'islamisme, de l'affirmation religieuse et violente d'une partie de l'Islam depuis trente ans, vous paraît avoir atteint son apogée ? Va-t-on assister au déclin de l'islamisme ?

A.J. : ... Je ne sais pas... Je ne sais pas répondre à cette question.

M.R. : Mon sentiment est que son apogée est derrière lui, mais je parle bien d'un sentiment et non pas d'une certitude. Premier constat : bien qu'elles se soient tues pour ne pas sembler se désolidariser de ce qui était présenté comme un combat contre l'humiliation de leurs peuples, à peu près toutes les autorités religieuses de l'Islam ont non seulement désapprouvé la violence islamiste mais également couvert la politique antiterroriste de leurs gouvernements. Deuxièmement, à l'exception des talibans lorsqu'ils étaient encore au pouvoir et du jeu trouble des services secrets pakistanais qui font feu de tout bois contre l'Inde, tous les gouvernements du monde arabo-musulman combattent les groupes engagés dans le terrorisme. Ils les combattent à fond, sans merci et puis, enfin, les autorités religieuses, les économistes et les industriels de ces pays, souvent des hommes de foi d'ailleurs, ont fait l'analyse des catastrophes où les menait le fanatisme. L'islamisme a probablement déjà perdu la bataille. Sans doute peut-il encore frapper mais, loin de s'étendre, son influence s'est réduite au fil des années alors même qu'elle a toujours été extrêmement limitée.

A.J. : Bien que je ne sache pas répondre à cette question, j'observe plusieurs choses. Si l'on s'en tient à l'attitude des gouvernements, Michel a raison. Pour des raisons de stabilité politique, leur lutte contre le terrorisme est toujours plus déterminée et, de ce côté, l'évolution va dans le bon sens. J'en suis beaucoup moins sûr, en revanche, pour ce qui est des opinions publiques. Je ne suis pas du tout certain que l'intégrisme recule dans les populations de ces pays. Il reste porté par les questions de développement, du retard économique, de la pauvreté et de l'injustice sociale. La question israélienne et le sort des Palestiniens constituent toujours un terreau fertile du fanatisme et je constate, aussi, que les minorités chrétiennes du Proche-Orient n'ont jamais été aussi mal traitées qu'elles ne le sont aujourd'hui.

B.G. : C'est pire que cela : elles sont en voie d'extinction.

A.J. : Malheureusement, oui. En Irak, elles sont complètement marginalisées, voire persécutées, et la bataille, deuxième bémol, n'est certainement pas gagnée dans nos pays, en Europe, où la force et la montée de l'islamophobie nourrissent un intégrisme musulman qui est plus que préoccupant. J'ai approuvé l'interdiction de la burqa mais il faut, maintenant, accompagner cette décision de gestes de compréhension et de considération vis-à-vis des communautés musulmanes en France. Nous avons la chance – en France en tout cas, ailleurs je ne sais pas – d'avoir des autorités religieuses musulmanes qui ne sont pas sur la longueur d'onde islamiste. J'ai la chance d'avoir, à Bordeaux, un recteur, Tareq Oubrou, qui plaide avec vigueur pour un islam respectueux des valeurs républicaines, à la limite laïque et dépassant, comme il le dit, le littéralisme fanatique dans la lecture du Coran. Je vous conseille le petit livre d'entretiens avec une journaliste qu'il avait publié dès 2002. Il n'est pas le seul à prôner et théoriser une pratique musulmane compatible avec un environnement sécularisé. Il y aussi un imam, en banlieue parisienne, qui travaille dans la même direction mais il a connu, lui, des moments difficiles et Tareq Oubrou me dit souvent : « J'ai du mal avec ma communauté. » Des tensions subsistent, qui nous interdisent une vision trop irénique des choses. Politiquement et moralement, nous avons tout intérêt à nous tenir aux côtés de ces artisans de modernité dans l'islam.

M.R. : Sur ce point, je suis complètement d'accord avec Alain, mais deux notations supplémentaires sur ce qui se passe dans les pays arabes. La première pour insister sur le fait que la grande affaire, le fond du problème, est l'humiliation historique et la persistance de la pauvreté, même si les tueurs islamistes sont en général des intellectuels...

B.G. : ... Tous les révolutionnaires ou presque l'ont toujours été.

M.R. : ... et que le personnel d'Al-Qaida, majoritairement né et éduqué dans des pays développés, ne comportait à peu près aucun diplômé d'histoire, de sociologie ou d'économie mais presque exclusivement des ingénieurs. La science ne les a pas conduits à l'esprit de compromis, mais le fait est, aussi, que les autorités religieuses musulmanes ont désormais amorcé un mouvement de réprobation publique de la violence en disant qu'elle déshonorait leur religion et que l'islam n'était quand même pas fait pour tuer des innocents. Ça part très, très fort. Les rencontres se multiplient. J'en ai des échos, très encourageants. Il y a une résistance musulmane à l'islamisme qui s'organise et, de notre côté, il va falloir mettre fin à cette pernicieuse absurdité de « la guerre contre le terrorisme ».

Sauf à déraper dans la guerre contre l'islam – à faire le jeu des islamistes qui espèrent tant susciter une confrontation avec l'Occident afin que tous les musulmans fassent front derrière eux – l'islamisme ne doit pas être traité comme l'expression d'un choc des civilisations. C'est une affaire de police, interne aux pays musulmans et pour laquelle ils ont besoin de notre confiance et de notre amitié.

Table

9780

Composition
NORD COMPO

Achevé d'imprimer en Espagne
par BLACK PRINT CPI IBERICA
le 4 décembre 2011.

Dépôt légal décembre 2011.
EAN 9782290037638

ÉDITIONS J'AI LU
87, quai Panhard-et-Levassor, 75013 Paris

Diffusion France et étranger : Flammarion